ERSTE AUSGABE - Veröffentlicht 2022

Extra Grafikmaterial von: www.freepik.com
Dank an: Alekksall, Starline, Pch.vector, Rawpixel.com, Vectorpocket, Dgim-studio, Upklyak, Macrovector, Stockgiu, Pikisuperstar & Freepik.com Designers

Kostenlose Online-Spiele Entdecken

Hier Erhältlich:

BestActivityBooks.com/FREEGAMES

5 TIPPS FÜR DEN ANFANG!

1) LÖSUNG DER RÄTSEL

Die Puzzles haben ein klassisches Format :

- Die Wörter sind ohne Abstand, Bindetrich usw… versteckt
- Richtung : vor-& rückwärts, auf & ab oder in der Diagonale (beider Richtungen)
- Die Wörter können übereinanderliegen oder sich kreuzen

2) AKTIVES LERNEN

Neben jedem Wort ist ein Abstand vorgesehen zum Aufschreiben der Übersetzung. Um ihre Kenntnisse zu überprüfen und zu erweitern befindet sich am Ende des Buches ein **WÖRTERBUCH**. Suchen sie die Übersetzungen, schreiben sie sie auf, dann können sie sie in den. Puzzles suchen und ihrem Wortschatz hinzufügen.

3) ANZEICHNUNG DER WÖRTER

Haben sie schon einmal versucht eine Anzeichnung zu verwenden? Sie könnten zum Beispiel die Wörter, die schwer zu finden sind, ankreuzen, die Wörter, die sie lieben, mit einem Stern, neue Wörter mit einem Dreieck, seltene Wörter mit einem Diamant usw … anzeichnen

4) IHR LERNEN ORGANISIEREN

Am Ende dieser Ausgabe bieten wir auch ein praktisches **NOTIZBUCH**
an. Ob im Urlaub, auf Reisen oder zu Hause, sie können ihr neues Wissen
ganz einfach organisieren, ohne ein zweites Notizbuch zu benötigen!

5) SIND SIE AM SCHLUSS ?

Gehen sie zum Bonusbereich : **MONSTER-HERAUSFÖRDERUNG,**
um ein kostenloses Spiel zu finden, das am Ende dieser Ausgabe
angeboten wird !

Lust auf mehr Spaß und Lernaktivitäten? **Schnell und einfach :**
eine ganze Spielbuchsammlung mit einem einzigen Klick erhaltbar :

Mit diesem Link finden sie ihre nächste Herausforderung :

BestActivityBooks.com/MeineNachsteWortsuche

Achtung, fertig, ... Los !!

Wussten sie, dass es auf der Welt ungefähr 7.000 verschiedene Sprachen gibt ? Wörter sind kostbar.

Wie lieben Sprachen und haben schwer daran gearbeitet, die Bücher von höchster Qualität für sie zu entwerfen. Unsere Zutaten ?

Eine Auswahl von angepassten Lernthemen, drei große Scheiben Spaß, dann fügen wir einen Löffel schwieriger Wörter und eine Prise seltener Wörter hinzu. Wir servieren sie mit Sorgfalt und ein Maximum an Freude, damit sie die besten Wortspiele lösen und Spaß am Lernen haben.

Ihre Meinung ist wichtig. Sie können aktiv zum Erfolg dieses Buches beitragen, indem sie uns eine Bemerkung hinterlassen. Sagen sie uns, was ihnen an dieser Ausgabe am besten gefallen hat !!

Hier ist ein kurzer Link, der sie zu ihrer Bewertungsseite führt

BestBooksActivity.com/Rezension50

Vielen Dank für ihre Hilfe und viel Spaß

Linguas Classics

1 - Ozean

```
Ρ  Τ  Χ  Λ  Έ  Σ  Ε  Σ  Π  Ί  Ψ  Ο  Δ  Ξ
Γ  Λ  Ε  Ι  Δ  Τ  Φ  Κ  Τ  Σ  Υ  Ε  Ε  Π
Χ  Έ  Λ  Ι  Χ  Ρ  Ε  Ο  Δ  Έ  Η  Ε  Λ  Δ
Π  Ί  Ώ  Β  Ι  Ε  Ξ  Ρ  Υ  Ι  Ν  Π  Φ  Η
Α  Ε  Ν  Ο  Α  Ί  Ν  Ά  Ι  Γ  Ο  Β  Ί  Κ
Λ  Δ  Α  Λ  Λ  Δ  Τ  Λ  Π  Κ  Γ  Ψ  Ν  Α
Ί  Β  Ψ  Σ  Έ  Ι  Ξ  Λ  Π  Α  Α  Ά  Ι  Τ
Ρ  Ν  Α  Ψ  Ε  Τ  Έ  Ι  Τ  Ρ  Ρ  Ρ  Ρ  Α
Ρ  Κ  Α  Β  Ο  Ύ  Ρ  Ι  Ό  Χ  Ί  Ι  Ρ  Ι
Ο  Β  Ο  Φ  Ά  Λ  Α  Ι  Ν  Α  Δ  Ω  Α  Γ
Ι  Ά  Κ  Ύ  Μ  Α  Τ  Α  Ο  Ρ  Α  Σ  Λ  Ί
Α  Ρ  Ί  Α  Ν  Χ  Ο  Ρ  Σ  Ί  Γ  Δ  Ά  Δ
Ε  Κ  Χ  Τ  Α  Π  Ό  Δ  Ι  Α  Ο  Ρ  Τ  Α
Μ  Α  Η  Ψ  Μ  Έ  Δ  Ο  Υ  Σ  Ε  Σ  Ι  Α
```

ΧΈΛΙ	ΧΤΑΠΌΔΙ
ΣΤΡΕΊΔΙ	ΜΈΔΟΥΣΕΣ
ΒΆΡΚΑ	ΞΈΡΑ
ΔΕΛΦΊΝΙ	ΑΛΆΤΙ
ΨΆΡΙ	ΧΕΛΏΝΑ
ΓΑΡΊΔΑ	ΣΦΟΥΓΓΆΡΙ
ΠΑΛΊΡΡΟΙΑ	ΚΑΤΑΙΓΊΔΑ
ΚΑΡΧΑΡΊΑΣ	ΤΌΝΟΣ
ΚΟΡΆΛΛΙ	ΦΆΛΑΙΝΑ
ΚΑΒΟΎΡΙ	ΚΎΜΑΤΑ

2 - Schule #1

```
Α  Λ  Φ  Ά  Β  Η  Τ  Ο  Σ  Α  Λ  Β  Ο  Α
Γ  Ρ  Α  Φ  Ε  Ί  Ο  Έ  Δ  Τ  Γ  Ι  Ξ  Τ
Ι  Π  Ν  Μ  Ο  Λ  Ύ  Β  Ι  Β  Υ  Β  Ψ  Ά
Γ  Ο  Ε  Η  Δ  Χ  Ν  Έ  Α  Χ  Σ  Λ  Υ  Ξ
Ε  Ξ  Ε  Τ  Ά  Σ  Ε  Ι  Σ  Χ  Α  Ι  Ό  Η
Λ  Ρ  Ψ  Ο  Σ  Ο  Α  Έ  Κ  Α  Π  Ο  Φ  Α
Σ  Η  Έ  Γ  Κ  Τ  Σ  Β  Έ  Ρ  Ά  Θ  Α  Ρ
Π  Ψ  Β  Γ  Α  Ρ  Σ  Τ  Δ  Τ  Ν  Ή  Κ  Ι
Μ  Ω  Σ  Ε  Λ  Ι  Ρ  Β  Α  Ί  Τ  Κ  Ε  Θ
Μ  Κ  Ι  Ύ  Ο  Π  Ψ  Ι  Σ  Έ  Η  Η  Λ  Μ
Δ  Ο  Ο  Μ  Σ  Χ  Μ  Β  Η  Δ  Σ  Ε  Ο  Ο
Μ  Υ  Κ  Α  Ρ  Έ  Κ  Λ  Α  Τ  Η  Έ  Ι  Ί
Φ  Ί  Λ  Ο  Ι  Έ  Ν  Ι  Τ  Σ  Ί  Η  Ι  Ν
Ω  Ζ  Μ  Α  Θ  Η  Μ  Α  Τ  Ι  Κ  Ά  Έ  Λ
```

ΑΛΦΆΒΗΤΟ	ΦΑΚΕΛΟΙ
ΑΠΆΝΤΗΣΗ	ΧΑΡΤΊ
ΒΙΒΛΙΟΘΉΚΗ	ΕΞΕΤΆΣΕΙΣ
ΜΟΛΎΒΙ	ΚΟΥΊΖ
ΒΙΒΛΙΑ	ΓΡΑΦΕΊΟ
ΦΊΛΟΙ	ΔΙΑΣΚΈΔΑΣΗ
ΤΆΞΗ	ΣΤΥΛΌ
ΔΆΣΚΑΛΟΣ	ΚΑΡΈΚΛΑ
ΜΑΘΗΜΑΤΙΚΆ	ΑΡΙΘΜΟΊ
ΓΕΎΜΑ	

3 - Meditation

```
Ξ  Ε  Π  Η  Ρ  Ε  Μ  Ί  Α  Μ  Α  Δ  Σ  Σ
Ύ  Ι  Σ  Ρ  Ν  Π  Υ  Ο  Ξ  Ο  Π  Δ  Γ  Υ
Π  Ρ  Ο  Σ  Ο  Χ  Ή  Π  Υ  Υ  Ο  Ι  Ε  Μ
Ν  Ή  Ρ  Έ  Τ  Ο  Ο  Γ  Σ  Σ  Δ  Ο  Υ  Π
Η  Ν  Χ  Δ  Α  Β  Π  Ω  Ν  Ι  Ο  Ρ  Γ  Ό
Σ  Η  Ω  Σ  Η  Η  Γ  Τ  Ι  Κ  Χ  Α  Ν  Ν
Ε  Ε  Β  Ι  Α  Χ  Ν  Γ  Ι  Ή  Ή  Τ  Ω  Ι
Β  Ε  Γ  Ω  Λ  Φ  Ύ  Σ  Η  Κ  Έ  Ι  Μ  Α
Α  Ν  Α  Π  Ν  Ο  Ή  Α  Μ  Ξ  Ή  Κ  Ο  Ψ
Ω  Γ  Δ  Ή  Ί  Ι  Σ  Ν  Δ  Λ  Ν  Ό  Σ  Υ
Μ  Υ  Α  Λ  Ό  Ν  Γ  Κ  Ε  Τ  Η  Τ  Ύ  Χ
Κ  Α  Λ  Ο  Σ  Ύ  Ν  Η  Έ  Ι  Ξ  Η  Ν  Ι
Ε  Υ  Τ  Υ  Χ  Ί  Α  Ρ  Δ  Ψ  Α  Τ  Η  Κ
Ψ  Σ  Τ  Σ  Κ  Ί  Ν  Η  Σ  Η  Η  Α  Ι  Ή
```

ΑΠΟΔΟΧΉ	ΕΥΤΥΧΊΑ
ΑΝΑΠΝΟΉ	ΣΑΦΉΝΕΙΑ
ΠΡΟΣΟΧΉ	ΣΥΜΠΌΝΙΑ
ΚΊΝΗΣΗ	ΜΟΥΣΙΚΉ
ΕΥΓΝΩΜΟΣΎΝΗ	ΦΎΣΗ
ΔΙΟΡΑΤΙΚΌΤΗΤΑ	ΠΡΟΟΠΤΙΚΉ
ΚΑΛΟΣΎΝΗ	ΗΡΕΜΊΑ
ΕΙΡΉΝΗ	ΣΙΩΠΉ
ΣΚΈΨΗ	ΜΥΑΛΌ
ΨΥΧΙΚΉ	ΞΎΠΝΗΣΕ

4 - Meisterschaft

Π	Έ	Π	Ρ	Ο	Π	Ο	Ν	Η	Τ	Ή	Σ	Π	Σ
Λ	Ρ	Ν	Μ	Ε	Τ	Ά	Λ	Λ	Ι	Ο	Ί	Α	Τ
Η	Λ	Ω	Ω	Φ	Ι	Ν	Α	Λ	Ί	Σ	Τ	Ι	Ρ
Ο	Λ	Σ	Τ	Σ	Λ	Ε	Ψ	Ι	Ν	Δ	Ω	Χ	Α
Μ	Ω	Μ	Π	Ά	Η	Ω	Α	Σ	Ο	Ι	Ρ	Ν	Τ
Ε	Γ	Ψ	Α	Α	Θ	Λ	Η	Τ	Ι	Κ	Ή	Ί	Η
Ν	Φ	Κ	Π	Η	Γ	Λ	Μ	Ί	Έ	Α	Τ	Δ	Γ
Μ	Ξ	Ί	Ό	Γ	Β	Ξ	Η	Μ	Έ	Σ	Ο	Ι	Ι
Σ	Ν	Ν	Δ	Ο	Υ	Ε	Ε	Μ	Β	Τ	Υ	Α	Κ
Β	Δ	Η	Ο	Ρ	Ν	Ί	Κ	Η	Α	Ή	Ρ	Ν	Ή
Η	Β	Τ	Σ	Ο	Ω	Ί	Δ	Δ	Χ	Σ	Ν	Τ	Α
Υ	Υ	Ρ	Η	Τ	Γ	Σ	Γ	Μ	Π	Υ	Ο	Ο	Τ
Ί	Π	Ο	Μ	Ά	Δ	Α	Η	Μ	Ξ	Π	Υ	Χ	Π
Π	Ρ	Ω	Τ	Α	Θ	Λ	Η	Τ	Ή	Σ	Ά	Ή	Ο

ΑΝΤΟΧΉ
ΠΡΩΤΑΘΛΗΤΉΣ
ΦΙΝΑΛΊΣΤ
ΈΝΩΣΗ
ΟΜΆΔΑ
ΜΕΤΆΛΛΙΟ
ΠΡΩΤΆΘΛΗΜΑ
ΚΊΝΗΤΡΟ
ΑΠΌΔΟΣΗ

ΔΙΚΑΣΤΉΣ
ΕΦΊΔΡΩΣΗ
ΝΊΚΗ
ΠΑΙΧΝΊΔΙΑ
ΑΘΛΗΤΙΚΉ
ΣΤΡΑΤΗΓΙΚΉ
ΠΡΟΠΟΝΗΤΉΣ
ΤΟΥΡΝΟΥΆ

5 - Insekten

```
Α  Μ  Σ  Π  Κ  Ο  Υ  Ν  Ο  Ύ  Π  Ι  Π  Κ
Κ  Έ  Κ  Ρ  Μ  Υ  Ρ  Μ  Ή  Γ  Κ  Ι  Α  Α
Ρ  Λ  Ο  Ο  Ά  Σ  Κ  Ώ  Ρ  Ο  Σ  Ί  Σ  Τ
Ί  Ι  Υ  Ν  Ν  Ρ  Η  Χ  Β  Α  Έ  Ξ  Χ  Σ
Δ  Σ  Λ  Ύ  Τ  Ε  Ρ  Μ  Ί  Τ  Η  Σ  Α  Α
Α  Σ  Ή  Μ  Η  Μ  Μ  Υ  Ν  Ξ  Σ  Χ  Λ  Ρ
Λ  Α  Κ  Φ  Σ  Έ  Υ  Ε  Χ  Σ  Ν  Έ  Ί  Ί
Τ  Α  Ι  Η  Β  Κ  Π  Ω  Λ  Α  Ψ  Γ  Τ  Δ
Β  Π  Ί  Δ  Τ  Ν  Α  Η  Λ  Ί  Ξ  Γ  Σ  Α
Ί  Μ  Ν  Ω  Α  Χ  Ί  Θ  Ε  Δ  Γ  Α  Α  Β
Ρ  Έ  Ο  Έ  Ρ  Δ  Θ  Μ  Ά  Χ  Β  Κ  Ε  Η
Σ  Φ  Ή  Κ  Α  Β  Ρ  Έ  Χ  Ρ  Ι  Β  Ρ  Χ
Ψ  Τ  Ε  Ξ  Υ  Ξ  Ι  Μ  Ω  Υ  Ι  Ω  Λ  Α
Α  Γ  Δ  Π  Ε  Τ  Α  Λ  Ο  Ύ  Δ  Α  Ω  Ω
```

ΜΥΡΜΉΓΚΙ	ΠΡΟΝΎΜΦΗ
ΜΈΛΙΣΣΑ	ΠΑΣΧΑΛΊΤΣΑ
ΜΕΛΊΓΚΡΑ	ΣΚΏΡΟΣ
ΥΠΑΊΘΡΙΑ	ΚΟΥΝΟΎΠΙ
ΜΆΝΤΗΣ	ΠΕΤΑΛΟΎΔΑ
ΑΚΡΊΔΑ	ΤΕΡΜΊΤΗΣ
ΚΑΤΣΑΡΊΔΑ	ΣΦΉΚΑ
ΣΚΑΘΆΡΙ	ΣΚΟΥΛΉΚΙ

6 - Dinosaurier

```
Μ Έ Γ Ε Θ Ο Σ Ε Ο Ψ Ψ Β Γ Λ
Α Σ Χ Λ Π Φ Τ Ρ Η Ρ Α Ο Έ Υ
Π Π Η Η Ε Τ Σ Π Τ Ρ Β Δ Γ Ν
Ρ Φ Ο Ψ Ε Ε Ξ Α Φ Ά Ν Ι Σ Η
Ο Υ Μ Λ Ξ Ρ Τ Ε Ρ Ά Σ Τ Ι Ο
Ϊ Τ Α Π Ι Ά Ί Ί Ω Υ Β Ω Τ Α
Σ Ο Μ Α Ε Θ Σ Ψ Ι Ν Η Μ Η Ρ
Τ Φ Ο Μ Ρ Ή Ώ Ε Ί Δ Ο Σ Ο Π
Ο Ά Ύ Φ Π Ρ Ι Μ Ο Ι Μ Ν Υ Α
Ρ Γ Θ Ά Ε Α Υ Σ Α Ξ Χ Τ Ρ Κ
Ι Α Ω Γ Τ Μ Ν Π Χ Τ Ε Γ Ά Τ
Κ Ξ Λ Α Ό Α Χ Τ Α Υ Α Λ Η Ι
Ή Σ Α Ρ Κ Ο Φ Ά Γ Ο Ρ Π Ε Κ
Ρ Μ Ε Ξ Έ Λ Ι Ξ Η Δ Έ Ό Ο Ό
```

ΠΑΜΦΆΓΑ   ΜΈΓΕΘΟΣ
ΕΊΔΟΣ   ΙΣΧΥΡΌ
ΘΉΡΑΜΑ   ΜΑΜΟΎΘ
ΤΕΡΆΣΤΙΟ   ΦΥΤΟΦΆΓΑ
ΓΗ   ΠΡΟΪΣΤΟΡΙΚΉ
ΕΞΈΛΙΞΗ   ΑΡΠΑΚΤΙΚΌ
ΣΑΡΚΟΦΆΓΟ   ΕΡΠΕΤΌ
ΦΤΕΡΆ   ΟΥΡΆ
ΑΠΟΛΙΘΩΜΑΤΑ   ΕΞΑΦΆΝΙΣΗ

7 - Obst

```
Δ  Λ  Δ  Χ  Α  Ν  Ρ  Η  Υ  Ι  Ψ  Μ  Μ  Σ
Α  Η  Ρ  Μ  Χ  Έ  Ε  Ο  Ί  Μ  Ή  Λ  Ο  Τ
Μ  Ξ  Μ  Ρ  Λ  Δ  Η  Κ  Δ  Σ  Υ  Τ  Ύ  Α
Ά  Π  Ω  Ω  Ά  Λ  Σ  Η  Τ  Ά  Ί  Σ  Ρ  Φ
Σ  Η  Α  Σ  Δ  Χ  Ο  Ι  Η  Α  Κ  Λ  Ο  Ύ
Κ  Ψ  Μ  Ν  Ι  Ω  Χ  Σ  Β  Λ  Ρ  Ι  Υ  Λ
Η  Υ  Τ  Σ  Ά  Κ  Ε  Ρ  Ά  Σ  Ι  Ί  Ν  Ι
Ν  Λ  Υ  Ψ  Ψ  Ν  Π  Ε  Π  Ό  Ν  Ι  Ν  Ο
Ο  Ί  Χ  Β  Λ  Έ  Α  Ξ  Δ  Υ  Α  Ε  Κ  Ι
Α  Β  Ο  Κ  Ά  Ν  Τ  Ο  Ο  Β  Α  Α  Α  Π
Α  Κ  Τ  Ι  Ν  Ί  Δ  Ι  Ο  Ψ  Β  Ν  Ρ  Δ
Β  Α  Τ  Ό  Μ  Ο  Υ  Ρ  Ο  Β  Ψ  Δ  Ύ  Β
Δ  Π  Α  Π  Ά  Γ  Ι  Α  Τ  Μ  Σ  Σ  Δ  Χ
Α  Ν  Α  Ν  Ά  Ω  Λ  Ε  Μ  Ό  Ν  Ι  Α  Π
```

ΑΝΑΝΆ	ΚΑΡΎΔΑ
ΜΉΛΟ	ΠΕΠΌΝΙ
ΑΒΟΚΆΝΤΟ	ΝΕΚΤΑΡΊΝΙ
ΜΠΑΝΆΝΑ	ΠΑΠΆΓΙΑ
ΜΟΎΡΟ	ΡΟΔΆΚΙΝΟ
ΑΧΛΆΔΙ	ΔΑΜΆΣΚΗΝΟ
ΒΑΤΌΜΟΥΡΟ	ΣΤΑΦΎΛΙ
ΚΕΡΆΣΙ	ΛΕΜΌΝΙ
ΑΚΤΙΝΊΔΙΟ	

8 - Schule #2

```
Ι  Σ  Ι  Χ  Β  Ι  Β  Λ  Ι  Α  Χ  Η  Γ  Σ
Ε  Ρ  Π  Α  Ι  Χ  Ν  Ί  Δ  Ι  Α  Μ  Ρ  Τ
Λ  Ο  Γ  Ο  Τ  Ε  Χ  Ν  Ί  Α  Ρ  Ε  Α  Υ
Ε  Κ  Π  Α  Ί  Δ  Ε  Υ  Σ  Η  Τ  Ρ  Μ  Λ
Α  Γ  Υ  Λ  Ε  Ω  Φ  Ο  Ρ  Ε  Ί  Ο  Μ  Ό
Μ  Ν  Ό  Π  Ψ  Α  Λ  Ί  Δ  Ι  Λ  Λ  Α  Δ
Τ  Α  Ά  Μ  Ο  Λ  Ύ  Β  Ι  Χ  Ε  Ό  Τ  Ά
Έ  Ε  Ο  Γ  Α  Λ  Ρ  Χ  Χ  Έ  Ξ  Γ  Ι  Σ
Υ  Ι  Π  Ψ  Ν  Α  Ο  Μ  Ε  Λ  Ι  Ι  Κ  Κ
Η  Β  Λ  Ψ  Ν  Ω  Α  Γ  Η  Ο  Κ  Ο  Ή  Α
Ε  Μ  Μ  Ά  Θ  Η  Σ  Η  Ι  Ξ  Ό  Π  Η  Λ
Σ  Α  Κ  Ί  Δ  Ι  Ο  Η  Έ  Σ  Υ  Β  Σ  Ο
Ε  Π  Ι  Σ  Τ  Ή  Μ  Η  Ι  Ε  Τ  Η  Ί  Σ
Ο  Η  Τ  Σ  Β  Ι  Β  Λ  Ι  Ο  Θ  Ή  Κ  Η
```

ΒΙΒΛΙΟΘΉΚΗ	ΑΝΆΓΝΩΣΗ
ΕΚΠΑΊΔΕΥΣΗ	ΛΟΓΟΤΕΧΝΊΑ
ΜΟΛΎΒΙ	ΧΑΡΤΊ
ΛΕΩΦΟΡΕΊΟ	ΓΌΜΑ
ΒΙΒΛΙΑ	ΣΑΚΊΔΙΟ
ΥΠΟΛΟΓΙΣΤΉ	ΨΑΛΊΔΙ
ΓΡΑΜΜΑΤΙΚΉ	ΠΑΙΧΝΊΔΙΑ
ΗΜΕΡΟΛΌΓΙΟ	ΣΤΥΛΌ
ΔΆΣΚΑΛΟΣ	ΕΠΙΣΤΉΜΗ
ΜΆΘΗΣΗ	ΛΕΞΙΚΌ

9 - Spielzeuge

```
Χ  Ω  Φ  Σ  Ω  Ω  Π  Π  Σ  Κ  Ά  Κ  Ι  Β
Σ  Ψ  Χ  Α  Σ  Έ  Γ  Α  Σ  Β  Φ  Α  Ί  Ά
Ψ  Τ  Ρ  Έ  Ν  Ο  Α  Ζ  Μ  Ι  Ο  Ε  Κ  Ρ
Α  Χ  Ω  Ο  Υ  Τ  Γ  Λ  Ι  Β  Ρ  Ρ  Ρ  Κ
Τ  Υ  Μ  Π  Ά  Λ  Α  Β  Δ  Λ  Τ  Ο  Α  Α
Α  Δ  Τ  Κ  Τ  Ί  Π  Σ  Ω  Ι  Η  Π  Γ  Χ
Ο  Ω  Ύ  Ο  Λ  Σ  Η  Ί  Ί  Α  Γ  Λ  Ι  Α
Ο  Έ  Μ  Ύ  Κ  Ί  Μ  Ξ  Λ  Α  Ό  Ά  Ό  Ρ
Δ  Γ  Π  Κ  Π  Ί  Έ  Ο  Ε  Η  Ρ  Ν  Ν  Τ
Μ  Λ  Α  Λ  Δ  Ψ  Ν  Ρ  Τ  Δ  Ο  Ο  Ι  Α
Σ  Ι  Ν  Α  Η  Ν  Ο  Η  Ν  Σ  Μ  Λ  Α  Ε
Ξ  Σ  Α  Ν  Ψ  Ρ  Σ  Σ  Τ  Ω  Π  Ι  Ν  Τ
Π  Α  Ι  Χ  Ν  Ί  Δ  Ι  Α  Ο  Ό  Ρ  Λ  Ό
Π  Ο  Δ  Ή  Λ  Α  Τ  Ο  Ο  Ί  Τ  Α  Β  Σ
```

ΑΥΤΟΚΊΝΗΤΟ	ΦΟΡΤΗΓΟ
ΜΠΆΛΑ	ΦΑΝΤΑΣΊΑ
ΒΆΡΚΑ	ΚΟΎΚΛΑ
ΚΡΑΓΙΌΝΙΑ	ΠΑΖΛ
ΒΙΒΛΙΑ	ΡΟΜΠΌΤ
ΧΑΡΤΑΕΤΌΣ	ΣΚΆΚΙ
ΠΟΔΉΛΑΤΟ	ΤΎΜΠΑΝΑ
ΑΓΑΠΗΜΈΝΟΣ	ΠΑΙΧΝΊΔΙΑ
ΑΕΡΟΠΛΆΝΟ	ΤΡΈΝΟ

10 - Komödie

```
Υ  Α  Ξ  Υ  Υ  Δ  Ι  Π  Έ  Ω  Γ  Ι  Τ  Δ
Φ  Σ  Η  Μ  Έ  Η  Ί  Π  Θ  Έ  Χ  Ρ  Ψ  Χ
Ο  Τ  Γ  Ν  Ν  Έ  Ί  Α  Έ  Σ  Π  Ο  Η  Ε
Ρ  Ε  Α  Ρ  Ο  Η  Ω  Τ  Α  Π  Α  Τ  Θ  Ι
Έ  Ί  Έ  Α  Κ  Ρ  Ο  Α  Τ  Ή  Ρ  Ι  Ο  Ρ
Α  Α  Σ  Σ  Γ  Τ  Κ  Ε  Ρ  Β  Ω  Τ  Π  Ο
Σ  Ί  Ξ  Τ  Ι  Έ  Η  Λ  Ο  Σ  Δ  Γ  Ο  Κ
Ρ  Υ  Έ  Ε  Ξ  Σ  Λ  Λ  Ό  Ν  Ί  Ί  Ι  Ρ
Τ  Μ  Μ  Ί  Β  Γ  Ί  Ι  Ε  Ο  Α  Ί  Ό  Ό
Υ  Χ  Ι  Ο  Ύ  Μ  Ο  Ρ  Ο  Ό  Υ  Λ  Σ  Τ
Σ  Σ  Ν  Ω  Μ  Ο  Έ  Ε  Β  Χ  Ρ  Ν  Α  Η
Γ  Ε  Ψ  Ε  Σ  Ε  Ί  Δ  Ο  Σ  Ί  Α  Τ  Μ
Ε  Κ  Φ  Ρ  Α  Σ  Τ  Ι  Κ  Ή  Ρ  Π  Σ  Α
Ψ  Τ  Λ  Σ  Δ  Ι  Α  Σ  Κ  Έ  Δ  Α  Σ  Η
```

ΧΕΙΡΟΚΡΌΤΗΜΑ
ΕΚΦΡΑΣΤΙΚΉ
ΚΛΌΟΥΝ
ΤΗΛΕΌΡΑΣΗ
ΕΊΔΟΣ
ΧΙΟΎΜΟΡ
ΑΣΤΕΊΟ
ΓΈΛΙΟ

ΠΑΡΩΔΊΑ
ΑΚΡΟΑΤΉΡΙΟ
ΦΟΡΈΑΣ
ΗΘΟΠΟΙΌΣ
ΔΙΑΣΚΈΔΑΣΗ
ΘΈΑΤΡΟ
ΑΣΤΕΊΑ

11 - Camping

K	Φ	K	A	M	Π	Ί	N	A	Z	Ώ	A	I	A
Y	A	E	Π	E	P	I	Π	Έ	T	E	I	A	I
N	N	Φ	Γ	Y	Δ	Ξ	X	Έ	Ω	Ί	K	Ψ	Ώ
Ή	Ά	Ύ	A	Γ	Ξ	Έ	E	H	Ψ	B	A	T	P
Γ	P	Σ	Ί	Έ	Ά	Ί	Έ	Λ	Ί	M	N	H	A
I	I	H	Λ	Γ	T	P	Δ	N	X	Σ	Ό	X	B
Σ	Λ	B	B	H	X	Έ	I	A	T	X	E	N	O
K	A	Π	Έ	Λ	O	Ί	I	Ξ	Π	O	I	O	Y
H	Ψ	Έ	Ί	N	Ί	B	Ψ	Π	H	I	M	B	N
N	Ί	Y	O	T	Ω	O	I	Έ	P	N	Δ	O	Ό
Ή	X	A	M	A	X	Ά	P	T	H	Ί	A	O	I
Λ	H	Ί	A	T	M	M	H	B	Ξ	Ω	Σ	T	Δ
Δ	I	A	Σ	K	Έ	Δ	A	Σ	H	E	O	A	Λ
E	M	Δ	Φ	Ω	T	I	Ά	Έ	Λ	T	Σ	I	Γ

ΠΕΡΙΠΈΤΕΙΑ   ΠΥΞΊΔΑ
ΒΟΥΝΌ   ΦΑΝΆΡΙ
ΦΩΤΙΆ   ΦΕΓΓΆΡΙ
ΑΙΏΡΑ   ΦΎΣΗ
ΚΑΠΈΛΟ   ΛΊΜΝΗ
ΈΝΤΟΜΟ   ΣΧΟΙΝΊ
ΚΥΝΉΓΙ   ΔΙΑΣΚΈΔΑΣΗ
ΚΑΜΠΊΝΑ   ΖΏΑ
ΚΑΝΌ   ΔΆΣΟΣ
ΧΆΡΤΗ   ΣΚΗΝΉ

12 - Zeit

```
Μ Έ Λ Λ Ο Ν Π Ρ Ω Λ Π Λ Ε Π
Δ Ε Τ Ή Σ Ι Α Ξ Β Χ Γ Σ Μ Σ
Ε Β Σ Α Ι Ώ Ν Α Σ Ί Σ Π Ή Λ
Κ Δ Ή Η Γ Ξ Ε Σ Ξ Α Ο Μ Ν Ε
Α Ο Μ Μ Μ Ι Μ Γ Η Ι Ί Έ Α Π
Ε Μ Ε Ε Μ Έ Ώ Τ Ώ Ρ Α Ρ Σ Τ
Τ Ά Ρ Ρ Σ Ω Ρ Υ Ε Ο Π Α Μ Ό
Ί Δ Α Ο Γ Τ Α Ι Τ Λ Μ Ε Τ Ά
Α Α Ω Λ Η Π Ί Γ Ο Ό Ί Η Ο Β
Χ Ξ Χ Ό Ι Ρ Ρ Λ Σ Ι Σ Β Ί Σ
Ν Ξ Μ Γ Β Ι Δ Ω Π Ν Ύ Χ Τ Α
Ι Ρ Τ Ι Η Ν Γ Γ Ί Μ Υ Θ Π Ί
Σ Ε Χ Ο Έ Ί Η Λ Δ Ψ Ί Ε Β Β
Δ Υ Σ Ο Η Χ Ξ Π Α Ο Ξ Σ Λ Ν
```

ΧΘΕΣ	ΜΉΝΑΣ
ΣΉΜΕΡΑ	ΠΡΩΊ
ΕΤΟΣ	ΜΕΤΆ
ΑΙΏΝΑΣ	ΝΎΧΤΑ
ΔΕΚΑΕΤΊΑ	ΏΡΑ
ΕΤΉΣΙΑ	ΜΈΡΑ
ΤΏΡΑ	ΡΟΛΌΙ
ΗΜΕΡΟΛΌΓΙΟ	ΠΡΙΝ
ΛΕΠΤΌ	ΕΒΔΟΜΆΔΑ
ΜΕΣΗΜΈΡΙ	ΜΈΛΛΟΝ

13 - Säugetiere

```
Κ  Ά  Σ  Τ  Ο  Ρ  Α  Σ  Α  Π  Φ  Κ  Γ  Ε
Α  Ψ  Ξ  Β  Α  Τ  Γ  Κ  Λ  Ρ  Ά  Ο  Ο  Λ
Μ  Μ  Κ  Ο  Ω  Χ  Χ  Ύ  Ε  Ό  Λ  Γ  Ρ  Έ
Η  Τ  Α  Ύ  Ρ  Ο  Σ  Λ  Π  Β  Α  Ι  Ί  Φ
Λ  Ξ  Γ  Ϊ  Α  Τ  Δ  Ο  Ο  Α  Ι  Ό  Λ  Α
Ο  Γ  Κ  Λ  Μ  Ρ  Ί  Σ  Ύ  Τ  Ν  Τ  Α  Ν
Π  Τ  Ο  Η  Ν  Ο  Κ  Ε  Η  Ο  Α  Β  Σ  Τ
Ά  Β  Υ  Ε  Μ  Β  Ύ  Ο  Ά  Λ  Ο  Γ  Ο  Α
Ρ  Ο  Ρ  Α  Υ  Ί  Τ  Λ  Ύ  Κ  Ο  Σ  Ρ  Σ
Δ  Ί  Ό  Τ  Ί  Γ  Ρ  Η  Έ  Δ  Τ  Α  Λ  Λ
Α  Ρ  Ο  Υ  Ρ  Α  Ί  Ο  Σ  Β  Α  Έ  Έ  Τ
Λ  Ι  Ο  Ν  Τ  Ά  Ρ  Ι  Ζ  Έ  Β  Ρ  Α  Τ
Η  Ί  Έ  Ι  Ν  Η  Π  Ά  Ν  Θ  Η  Ρ  Α  Σ
Λ  Τ  Σ  Ί  Ε  Λ  Σ  Σ  Μ  Δ  Ψ  Χ  Έ  Ε
```

ΜΑΪΜΟΎ	ΛΙΟΝΤΆΡΙ
ΑΡΚΟΎΔΑ	ΠΆΝΘΗΡΑΣ
ΚΆΣΤΟΡΑΣ	ΆΛΟΓΟ
ΕΛΈΦΑΝΤΑΣ	ΑΡΟΥΡΑΊΟΣ
ΑΛΕΠΟΎ	ΠΡΌΒΑΤΟ
ΚΑΜΗΛΟΠΆΡΔΑΛΗ	ΤΑΎΡΟΣ
ΓΟΡΊΛΑΣ	ΤΊΓΡΗ
ΣΚΎΛΟΣ	ΦΆΛΑΙΝΑ
ΚΑΓΚΟΥΡΌ	ΛΎΚΟΣ
ΚΟΓΙΌΤ	ΖΈΒΡΑ

14 - Astronomie

```
Ν  Α  Ο  Λ  Ο  Π  Χ  Α  Λ  Υ  Υ  Α  Ή  Ο
Φ  Σ  Ο  Υ  Π  Ε  Ρ  Ν  Ό  Β  Α  Σ  Λ  Ν
Ε  Τ  Λ  Ξ  Ρ  Ρ  Β  Γ  Υ  Ι  Χ  Τ  Ι  Ε
Γ  Ρ  Ε  Υ  Π  Α  Σ  Τ  Έ  Ρ  Ι  Ρ  Ο  Φ
Γ  Ο  Ι  Ω  Έ  Έ  Ν  Ζ  Ώ  Δ  Ι  Ο  Σ  Έ
Ά  Ν  Β  Ι  Ι  Ξ  Ν  Ό  Α  Σ  Έ  Ν  Κ  Λ
Ρ  Α  Β  Τ  Σ  Ψ  Α  Β  Σ  Η  Ψ  Ό  Ο  Ω
Ι  Ύ  Μ  Ε  Τ  Έ  Ω  Ρ  Ο  Ξ  Η  Μ  Μ  Μ
Ε  Τ  Α  Σ  Τ  Ε  Ρ  Ι  Σ  Μ  Ό  Ο  Ή  Α
Χ  Η  Σ  Ύ  Μ  Π  Α  Ν  Ε  Ψ  Λ  Σ  Τ  Ι
Α  Σ  Τ  Ε  Ρ  Ο  Ε  Ι  Δ  Ή  Σ  Δ  Η  Χ
Π  Λ  Α  Ν  Ή  Τ  Η  Σ  Έ  Χ  Ψ  Ι  Σ  Α
Ξ  Ψ  Γ  Ρ  Ο  Υ  Κ  Έ  Τ  Α  Β  Α  Έ  Β
Έ  Μ  Ε  Η  Τ  Η  Λ  Ε  Σ  Κ  Ό  Π  Ι  Ο
```

ΑΣΤΕΡΟΕΙΔΉΣ	ΝΕΦΈΛΩΜΑ
ΑΣΤΡΟΝΑΎΤΗΣ	ΠΛΑΝΉΤΗΣ
ΑΣΤΡΟΝΌΜΟΣ	ΡΟΥΚΈΤΑ
ΓΗ	ΉΛΙΟΣ
ΟΥΡΑΝΌΣ	ΑΣΤΈΡΙ
ΚΟΜΉΤΗΣ	ΣΟΥΠΕΡΝΌΒΑ
ΑΣΤΕΡΙΣΜΌ	ΤΗΛΕΣΚΌΠΙΟ
ΜΕΤΈΩΡΟ	ΖΏΔΙΟ
ΦΕΓΓΆΡΙ	ΣΎΜΠΑΝ

15 - Ballett

Έ	Λ	Ο	Χ	Σ	Ξ	Χ	Χ	Ε	Ε	Κ	Τ	Χ	Ν
Ν	Ν	Γ	Ε	Ό	Π	Ξ	Ο	Κ	Π	Α	Ε	Ε	Π
Τ	Ά	Λ	Ι	Λ	Ρ	Σ	Ρ	Φ	Ι	Λ	Χ	Ι	Έ
Α	Σ	Π	Ρ	Ο	Σ	Ε	Ο	Ρ	Δ	Λ	Ν	Ρ	Δ
Σ	Κ	Π	Ο	Π	Υ	Δ	Γ	Α	Ε	Ι	Ι	Ο	Δ
Η	Η	Ρ	Ν	Π	Ν	Σ	Ρ	Σ	Ξ	Τ	Κ	Κ	Ρ
Ψ	Σ	Ό	Ο	Ω	Θ	Τ	Α	Τ	Ι	Ε	Ή	Ρ	Σ
Α	Η	Β	Μ	Α	Έ	Υ	Φ	Ι	Ό	Χ	Ρ	Ό	Γ
Μ	Σ	Α	Ϊ	Η	Τ	Λ	Ϊ	Κ	Τ	Ν	Υ	Τ	Χ
Σ	Λ	Υ	Α	Ο	Η	Ή	Α	Ή	Η	Ι	Θ	Η	Π
Μ	Ο	Υ	Σ	Ι	Κ	Ή	Ρ	Β	Τ	Κ	Μ	Μ	Ω
Χ	Ο	Ρ	Ε	Υ	Τ	Ε	Σ	Ι	Α	Ή	Ο	Α	Α
Μ	Π	Α	Λ	Α	Ρ	Ϊ	Ν	Α	Ο	Υ	Ύ	Ε	Ο
Ο	Ρ	Χ	Ή	Σ	Τ	Ρ	Α	Ν	Σ	Ν	Χ	Ψ	Ε

ΧΕΙΡΟΚΡΌΤΗΜΑ	ΟΡΧΉΣΤΡΑ
ΕΚΦΡΑΣΤΙΚΉ	ΆΣΚΗΣΗ
ΜΠΑΛΑΡΊΝΑ	ΠΡΌΒΑ
ΧΟΡΟΓΡΑΦΊΑ	ΑΚΡΟΑΤΉΡΙΟ
ΕΠΙΔΕΞΙΌΤΗΤΑ	ΡΥΘΜΟΎ
ΧΕΙΡΟΝΟΜΊΑ	ΣΌΛΟ
ΈΝΤΑΣΗ	ΣΤΥΛ
ΣΥΝΘΈΤΗ	ΧΟΡΕΥΤΕΣ
ΚΑΛΛΙΤΕΧΝΙΚΉ	ΤΕΧΝΙΚΉ
ΜΟΥΣΙΚΉ	

16 - Strand

Σ	Έ	Β	Ί	Γ	Χ	Ω	Κ	Ε	Α	Ν	Ό	Σ	Ο
Α	Α	Έ	Ά	Τ	Έ	Σ	Α	Α	Υ	Ί	Ί	Τ	Έ
Π	Ο	Ν	Σ	Ρ	Ω	Μ	Κ	Π	Β	Η	Λ	Ω	Η
Ο	Μ	Σ	Δ	Θ	Κ	Υ	Τ	Ε	Β	Ο	Χ	Ε	Γ
Β	Π	Ί	Ε	Ά	Ή	Α	Ή	Τ	Έ	Τ	Ύ	Α	Β
Ά	Ρ	Γ	Υ	Λ	Λ	Δ	Χ	Σ	Γ	Λ	Ι	Ρ	Ν
Θ	Έ	Β	Ε	Α	Ι	Ι	Λ	Έ	Α	Ξ	Σ	Δ	Ι
Ρ	Λ	Ω	Λ	Σ	Ο	Υ	Α	Τ	Σ	Ω	Τ	Ι	Χ
Α	Α	Σ	Ρ	Σ	Σ	Τ	Δ	Α	Χ	Ξ	Ι	Α	Ξ
Ν	Η	Σ	Ί	Α	Ξ	Έ	Ρ	Α	Δ	Α	Ο	Κ	Π
Ε	Ι	Ι	Β	Β	Α	Ψ	Ά	Μ	Μ	Ο	Φ	Ο	Δ
Α	Μ	Λ	Μ	Ν	Π	Ψ	Ι	Π	Χ	Ο	Ό	Π	Χ
Ο	Χ	Β	Β	Σ	Ρ	Δ	Π	Λ	Ν	Σ	Ρ	Έ	Α
Ί	Ν	Υ	Ρ	Ρ	Τ	Β	Ε	Ε	Π	Έ	Ο	Σ	Σ

ΜΠΛΕ	ΩΚΕΑΝΌΣ
ΒΆΡΚΑ	ΟΜΠΡΈΛΑ
ΑΠΟΒΆΘΡΑ	ΞΈΡΑ
ΠΕΤΣΈΤΑ	ΆΜΜΟ
ΝΗΣΊ	ΣΑΝΔΆΛΙΑ
ΚΑΒΟΎΡΙ	ΙΣΤΙΟΦΌΡΟ
ΑΚΤΉ	ΉΛΙΟΣ
ΘΆΛΑΣΣΑ	ΔΙΑΚΟΠΈΣ

17 - Restaurant #1

```
Χ  Ψ  Ξ  Α  Ν  Κ  Κ  Κ  Μ  Έ  Ν  Χ  Ψ  Κ
Τ  Ρ  Ο  Φ  Ή  Ρ  Α  Ρ  Χ  Ι  Χ  Μ  Ω  Ο
Ι  Τ  Η  Ο  Ω  Έ  Φ  Ά  Ο  Η  Π  Σ  Μ  Τ
Ι  Γ  Ί  Ρ  Ψ  Α  Έ  Τ  Ξ  Ί  Η  Ε  Ί  Ό
Λ  Υ  Γ  Ψ  Ο  Σ  Χ  Η  Σ  Γ  Υ  Ρ  Χ  Π
Π  Σ  Π  Ψ  Χ  Χ  Έ  Σ  Ω  Ά  Α  Β  Β  Ο
Ρ  Μ  Ε  Λ  Ω  Ψ  Β  Η  Ί  Ρ  Λ  Ι  Ω  Υ
Μ  Ε  Η  Τ  Ά  Ρ  Χ  Π  Σ  Τ  Υ  Τ  Λ  Λ
Έ  Ν  Ξ  Ψ  Ο  Κ  Ψ  Γ  Ω  Ο  Γ  Ό  Σ  Ο
Κ  Ο  Υ  Ζ  Ί  Ν  Α  Ε  Ψ  Χ  Ο  Ρ  Ί  Α
Ω  Ύ  Ε  Π  Ι  Δ  Ό  Ρ  Π  Ι  Ο  Α  Τ  Λ
Σ  Ι  Α  Η  Ψ  Μ  Π  Ο  Λ  Χ  Ο  Ι  Τ  Β
Μ  Α  Χ  Α  Ί  Ρ  Ι  Ο  Ί  Υ  Β  Γ  Έ  Ω
Α  Λ  Λ  Ε  Ρ  Γ  Ί  Α  Σ  Σ  Υ  Ν  Υ  Ε
```

ΑΛΛΕΡΓΊΑ   ΚΟΥΖΊΝΑ
ΨΩΜΊ   ΜΕΝΟΎ
ΕΠΙΔΌΡΠΙΟ   ΜΑΧΑΊΡΙ
ΤΡΟΦΉ   ΚΡΆΤΗΣΗ
ΚΡΈΑΣ   ΜΠΟΛ
ΚΟΤΌΠΟΥΛΟ   ΣΆΛΤΣΑ
ΚΑΦΈ   ΠΛΆΚΑ
ΣΕΡΒΙΤΌΡΑ

18 - Geologie

```
Ο Ν Ι Σ Κ Ρ Ύ Σ Τ Α Λ Λ Α Ι
Λ Ο Ξ Σ Τ Α Λ Α Κ Τ Ί Τ Η Σ
Δ Ά Α Ν Χ Α Λ Α Ζ Ί Α Έ Ξ Τ
Η Ν Β Κ Ί Ί Λ Γ Ο Ψ Η Ψ Η Σ
Φ Σ Π Α Ο Η Ξ Α Λ Ά Τ Ι Ο Π
Α Τ Έ Σ Ξ Ρ Μ Ι Γ Ν Χ Π Ρ Ή
Ί Ψ Τ Τ Ύ Ν Ά Ί Γ Μ Δ Ι Δ Λ
Σ Ο Ρ Υ Κ Τ Ά Λ Ρ Ω Ι Σ Ή Α
Τ Η Α Δ Μ Ξ Δ Χ Λ Λ Ά Τ Π Ι
Ε Λ Ι Ω Μ Έ Ν Ο Β Ι Β Ζ Ε Ο
Ι Α Σ Β Έ Σ Τ Ι Ο Ω Ρ Ώ Ι Σ
Ο Ρ Ο Π Έ Δ Ι Ο Λ Β Ω Ν Ρ Ξ
Σ Ε Ι Σ Μ Ό Σ Γ Τ Π Σ Η Ο Ί
Α Π Ο Λ Ί Θ Ω Μ Α Ν Η Ψ Σ Χ
```

ΣΕΙΣΜΌΣ	ΟΡΥΚΤΆ
ΔΙΆΒΡΩΣΗ	ΟΡΟΠΈΔΙΟ
ΑΠΟΛΊΘΩΜΑ	ΧΑΛΑΖΊΑ
ΛΙΩΜΈΝΟ	ΑΛΆΤΙ
ΣΠΉΛΑΙΟ	ΟΞΎ
ΑΣΒΈΣΤΙΟ	ΣΤΑΛΑΓΜΙΤΕΣ
ΉΠΕΙΡΟΣ	ΣΤΑΛΑΚΤΊΤΗΣ
ΚΟΡΆΛΛΙ	ΠΈΤΡΑ
ΚΡΎΣΤΑΛΛΑ	ΗΦΑΊΣΤΕΙΟ
ΛΆΒΑ	ΖΏΝΗ

19 - Wissenschaft

Β	Σ	Δ	Υ	Χ	Ψ	Χ	Β	Ε	Φ	Τ	Ά	Λ	Σ
Α	Λ	Ρ	Ε	Ξ	Η	Γ	Ο	Ρ	Υ	Κ	Τ	Ά	Ω
Ρ	Υ	Μ	Ρ	Π	Ω	Μ	Ρ	Λ	Τ	Ο	Ο	Μ	Μ
Ύ	Π	Η	Σ	Ρ	Ω	Γ	Ι	Σ	Ά	Ρ	Μ	Έ	Α
Τ	Ό	Ε	Ν	Ο	Ο	Α	Ϊ	Κ	Σ	Γ	Ο	Θ	Τ
Η	Θ	Ξ	Ϊ	Κ	Λ	Ϊ	Μ	Α	Ή	Α	Α	Ο	Ϊ
Τ	Ε	Δ	Σ	Ρ	Ο	Τ	Η	Ο	Τ	Ν	Π	Δ	Δ
Α	Σ	Ε	Ρ	Γ	Α	Σ	Τ	Ή	Ρ	Ι	Ο	Ο	Ι
Ω	Η	Ξ	Γ	Δ	Φ	Μ	Ξ	Π	Φ	Σ	Λ	Σ	Α
Ε	Ν	Ξ	Υ	Τ	Γ	Υ	Α	Ω	Ύ	Μ	Ϊ	Μ	Λ
Γ	Ε	Γ	Ο	Ν	Ό	Σ	Σ	Σ	Σ	Ό	Θ	Ό	Δ
Δ	Ε	Δ	Ο	Μ	Έ	Ν	Α	Ι	Η	Σ	Ω	Ρ	Ω
Ε	Ξ	Έ	Λ	Ι	Ξ	Η	Έ	Ι	Κ	Γ	Μ	Ι	Σ
Ξ	Β	Υ	Τ	Λ	Β	Λ	Μ	Ϊ	Έ	Ή	Α	Α	Σ

ΆΤΟΜΟ	ΟΡΥΚΤΆ
ΧΗΜΙΚΉ	ΜΌΡΙΑ
ΔΕΔΟΜΈΝΑ	ΦΎΣΗ
ΕΞΈΛΙΞΗ	ΟΡΓΑΝΙΣΜΌΣ
ΠΕΊΡΑΜΑ	ΣΩΜΑΤΊΔΙΑ
ΑΠΟΛΊΘΩΜΑ	ΦΥΤΆ
ΥΠΌΘΕΣΗ	ΦΥΣΙΚΉ
ΚΛΊΜΑ	ΒΑΡΎΤΗΤΑ
ΕΡΓΑΣΤΉΡΙΟ	ΓΕΓΟΝΌΣ
ΜΈΘΟΔΟΣ	

20 - Bildende Kunst

```
Κ  Ο  Γ  Έ  Ψ  Μ  Κ  Α  Β  Α  Λ  Έ  Τ  Ο
Α  Ε  Ν  Ε  Γ  Ο  Ί  Δ  Ε  Γ  Α  Γ  Ξ  Α
Ρ  Ρ  Ρ  Η  Λ  Λ  Π  Ο  Ρ  Τ  Ρ  Έ  Τ  Ο
Χ  Κ  Ι  Ί  Υ  Ύ  Τ  Λ  Ν  Μ  Ε  Ξ  Ί  Ξ
Ι  Ε  Σ  Σ  Π  Β  Μ  Δ  Ί  Χ  Σ  Τ  Α  Σ
Τ  Ρ  Ύ  Τ  Τ  Ι  Ε  Σ  Κ  Ο  Π  Γ  Ο  Γ
Ε  Α  Ν  Υ  Ι  Ο  Ψ  Κ  Ι  Μ  Ω  Λ  Ί  Α
Κ  Μ  Θ  Λ  Κ  Ψ  Ύ  Τ  Α  Ι  Ν  Ί  Α  Ε
Τ  Ι  Ε  Ό  Ή  Κ  Ά  Ρ  Β  Ο  Υ  Ν  Ο  Ψ
Ο  Κ  Σ  Γ  Φ  Ω  Τ  Ο  Γ  Ρ  Α  Φ  Ί  Α
Ν  Ή  Η  Τ  Ε  Ω  Μ  Α  Ο  Η  Π  Π  Σ  Σ
Ι  Π  Ρ  Ο  Ο  Π  Τ  Ι  Κ  Ή  Μ  Χ  Χ  Τ
Κ  Π  Ο  Λ  Υ  Γ  Ρ  Ά  Φ  Ο  Ο  Α  Ω  Ι
Ή  Κ  Α  Λ  Λ  Ι  Τ  Έ  Χ  Ν  Η  Σ  Γ  Σ
```

ΑΡΧΙΤΕΚΤΟΝΙΚΉ	ΑΡΙΣΤΟΎΡΓΗΜΑ
ΜΟΛΎΒΙ	ΠΡΟΟΠΤΙΚΉ
ΤΑΙΝΊΑ	ΠΟΡΤΡΈΤΟ
ΦΩΤΟΓΡΑΦΊΑ	ΠΟΛΥΓΡΆΦΟ
ΚΆΡΒΟΥΝΟ	ΓΛΥΠΤΙΚΉ
ΚΕΡΑΜΙΚΉ	ΚΑΒΑΛΈΤΟ
ΚΙΜΩΛΊΑ	ΣΤΥΛΌ
ΚΑΛΛΙΤΈΧΝΗΣ	ΚΕΡΊ
ΒΕΡΝΊΚΙ	ΣΎΝΘΕΣΗ

21 - Sport

Α	Ψ	Υ	Δ	Π	Τ	Ο	Ι	Ξ	Γ	Τ	Π	Ε	Γ
Ε	Δ	Μ	Ι	Ρ	Ο	Υ	Ν	Ι	Κ	Η	Τ	Ή	Σ
Ο	Η	Π	Α	Ω	Λ	Δ	Ο	Η	Ο	Τ	Υ	Α	Ι
Ω	Ί	Ά	Ι	Τ	Α	Σ	Ή	Π	Λ	Ξ	Β	Ο	Σ
Ν	Ψ	Σ	Τ	Ά	Δ	Ι	Ο	Λ	Φ	Ι	Β	Ξ	Μ
Ν	Μ	Κ	Η	Θ	Ί	Χ	Υ	Ο	Α	Α	Α	Ι	Ι
Π	Α	Ε	Τ	Λ	Α	Ξ	Ρ	Γ	Γ	Τ	Λ	Π	Ω
Γ	Α	Τ	Ή	Η	Υ	Τ	Γ	Ε	Υ	Α	Ο	Ε	Ι
Υ	Λ	Ί	Σ	Μ	Π	Έ	Ι	Ζ	Μ	Π	Ο	Λ	Μ
Α	Ι	Γ	Κ	Α	Δ	Ν	Κ	Ί	Ν	Η	Σ	Η	Χ
Ι	Β	Σ	Λ	Τ	Γ	Ι	Σ	Μ	Ά	Ί	Έ	Ο	Ό
Ο	Μ	Ά	Δ	Α	Η	Σ	Έ	Λ	Σ	Ι	Υ	Χ	Κ
Π	Α	Ι	Χ	Ν	Ί	Δ	Ι	Ε	Ι	Χ	Β	Μ	Ε
Α	Θ	Λ	Η	Τ	Ή	Σ	Ι	Α	Ο	Σ	Έ	Ξ	Ϊ

ΑΘΛΗΤΉΣ
ΜΠΈΙΖΜΠΟΛ
ΜΠΆΣΚΕΤ
ΚΊΝΗΣΗ
ΧΌΚΕΪ
ΠΟΔΉΛΑΤΟ
ΝΙΚΗΤΉΣ
ΓΚΟΛΦ

ΓΥΜΝΆΣΙΟ
ΟΜΆΔΑ
ΠΡΩΤΆΘΛΗΜΑ
ΔΙΑΙΤΗΤΉΣ
ΠΑΙΧΝΊΔΙ
ΠΑΊΚΤΗ
ΣΤΆΔΙΟ
ΤΈΝΙΣ

22 - Mythologie

```
Z  E  Π  Δ  B  H  Δ  T  Ί  Y  H  Γ  K  Γ
Y  Ή  O  H  H  P  E  Ύ  H  M  Έ  Λ  A  O
A  P  Λ  M  M  Ω  O  O  N  Γ  X  Έ  T  Ξ
Ί  Ω  I  I  B  Ί  Y  N  I  A  N  Δ  A  Σ
Λ  A  T  O  A  Δ  Y  Λ  T  Ξ  M  O  Σ  Y
A  Σ  I  Y  Ί  A  T  T  A  Ή  Γ  H  T  M
B  Σ  Σ  P  Π  Λ  Ά  Σ  M  A  E  Δ  P  Π
Ύ  X  M  Γ  Θ  N  H  T  Ό  Σ  K  O  O  E
P  Έ  Ό  Ί  Θ  P  Ύ  Λ  O  Σ  Δ  M  Φ  P
I  B  Σ  A  A  Θ  A  N  A  Σ  Ί  A  Ή  I
N  T  Έ  P  A  Σ  M  T  E  N  K  Γ  Π  Φ
Θ  A  P  X  Έ  T  Y  Π  O  Ψ  H  I  N  O
O  Π  O  Λ  E  M  I  Σ  T  Ή  Σ  K  Ί  P
Σ  A  Σ  T  P  A  Π  Ή  B  Y  H  Ό  O  Ά
```

ΑΡΧΈΤΥΠΟ
ΑΣΤΡΑΠΉ
ΒΡΟΝΤΉ
ΖΉΛΙΑ
ΉΡΩΑΣ
ΗΡΩΪΔΑ
ΚΑΤΑΣΤΡΟΦΉ
ΔΗΜΙΟΥΡΓΊΑ
ΠΛΆΣΜΑ
ΠΟΛΕΜΙΣΤΉΣ

ΠΟΛΙΤΙΣΜΌΣ
ΛΑΒΎΡΙΝΘΟΣ
ΘΡΎΛΟΣ
ΜΑΓΙΚΌ
ΤΈΡΑΣ
ΕΚΔΊΚΗΣΗ
ΔΎΝΑΜΗ
ΘΝΗΤΌΣ
ΑΘΑΝΑΣΊΑ
ΣΥΜΠΕΡΙΦΟΡΆ

23 - Restaurant #2

Γ	Ν	Ω	Δ	Ξ	Σ	Ν	Α	Ι	Ν	Ω	Σ	Τ	Ί
Σ	Ε	Ρ	Β	Ι	Τ	Ό	Ρ	Ο	Σ	Ψ	Ά	Ρ	Ι
Α	Π	Ύ	Η	Ψ	Κ	Σ	Π	Ι	Ρ	Ο	Ύ	Ν	Ι
Ν	Ο	Β	Μ	Τ	Α	Τ	Ά	Σ	Τ	Έ	Ο	Χ
Δ	Τ	Γ	Ε	Α	Ρ	Ι	Γ	Α	Ο	Χ	Ψ	Π	Ν
Μ	Ό	Β	Η	Λ	Έ	Μ	Ο	Χ	Ύ	Ι	Π	Σ	Λ
Ξ	Π	Ψ	Ω	Ά	Κ	Ο	Σ	Α	Π	Δ	Μ	Α	Α
Γ	Γ	Α	Γ	Τ	Λ	Ρ	Κ	Ν	Α	Ξ	Δ	Λ	Ζ
Δ	Ρ	Α	Χ	Ι	Α	Ε	Έ	Ι	Η	Ν	Δ	Ά	Ά
Ξ	Ε	Έ	Γ	Α	Δ	Κ	Ι	Κ	Ε	Ε	Ω	Τ	Ν
Υ	Ω	Ί	Ε	Π	Ρ	Τ	Κ	Ά	Γ	Π	Λ	Α	Ι
Δ	Π	Ξ	Π	Ξ	Μ	Ι	Φ	Ρ	Ο	Ύ	Τ	Ο	Α
Ν	Ε	Ρ	Ό	Ν	Σ	Κ	Κ	Ο	Υ	Τ	Ά	Λ	Ι
Γ	Υ	Ν	Η	Ψ	Ο	Ό	Ί	Ό	Π	Χ	Ο	Ξ	Π

ΔΕΊΠΝΟ
ΠΆΓΟΣ
ΨΆΡΙ
ΦΡΟΎΤΟ
ΠΙΡΟΎΝΙ
ΛΑΧΑΝΙΚΆ
ΠΟΤΌ
ΜΠΑΧΑΡΙΚΌ
ΣΕΡΒΙΤΌΡΟΣ
ΝΌΣΤΙΜΟ

ΚΈΙΚ
ΚΟΥΤΆΛΙ
ΓΕΎΜΑ
ΛΑΖΆΝΙΑ
ΣΑΛΆΤΑ
ΑΛΆΤΙ
ΚΑΡΈΚΛΑ
ΣΟΎΠΑ
ΟΡΕΚΤΙΚΌ
ΝΕΡΌ

24 - Ökologie

Χ	Ξ	Χ	Μ	Ρ	Π	Ό	Ρ	Ω	Ν	Ο	Κ	Ε	Έ
Π	Λ	Η	Σ	Λ	Δ	Ψ	Ε	Λ	Δ	Λ	Ο	Θ	Λ
Φ	Π	Ω	Ρ	Έ	Ψ	Τ	Ί	Π	Υ	Μ	Ι	Ε	Π
Υ	Λ	Γ	Ρ	Α	Ν	Η	Δ	Μ	Ω	Ι	Ν	Λ	Α
Τ	Σ	Ψ	Χ	Ί	Σ	Β	Ο	Υ	Ν	Ά	Ό	Ο	Ν
Ά	Ο	Ί	Γ	Η	Δ	Ί	Σ	Ψ	Π	Ί	Τ	Ν	Ί
Ν	Μ	Ι	Δ	Ξ	Ν	Α	Α	Φ	Ύ	Σ	Η	Τ	Δ
Ε	Π	Ι	Β	Ί	Ω	Σ	Η	Υ	Ι	Ξ	Τ	Έ	Α
Π	Κ	Β	Λ	Ά	Σ	Τ	Η	Σ	Η	Έ	Α	Σ	Η
Θ	Α	Λ	Ά	Σ	Σ	Ι	Ο	Ι	Ι	Π	Ο	Ο	Η
Δ	Υ	Λ	Ί	Ο	Π	Ο	Ι	Κ	Ι	Λ	Ί	Α	Μ
Γ	Ν	Λ	Ί	Μ	Ι	Ρ	Η	Ή	Ι	Ν	Χ	Χ	Γ
Ρ	Ψ	Δ	Ε	Ι	Α	Β	Ί	Ώ	Σ	Ι	Μ	Η	Ω
Ρ	Σ	Π	Α	Γ	Κ	Ό	Σ	Μ	Ι	Α	Μ	Ξ	Α

ΕΊΔΟΣ
ΒΟΥΝΆ
ΞΗΡΑΣΊΑ
ΠΑΝΊΔΑ
ΧΛΩΡΊΔΑ
ΕΘΕΛΟΝΤΈΣ
ΚΟΙΝΌΤΗΤΑ
ΠΑΓΚΌΣΜΙΑ
ΚΛΊΜΑ

ΘΑΛΆΣΣΙΟ
ΒΙΏΣΙΜΗ
ΦΎΣΗ
ΦΥΣΙΚΉ
ΦΥΤΆ
ΠΌΡΩΝ
ΕΠΙΒΊΩΣΗ
ΒΛΆΣΤΗΣΗ
ΠΟΙΚΙΛΊΑ

25 - Schokolade

Κ	Α	Γ	Α	Π	Η	Μ	Έ	Ν	Ο	Σ	Κ	Π	Β
Α	Α	Σ	Λ	Γ	Α	Ξ	Λ	Χ	Ε	Υ	Α	Ι	Ι
Ρ	Β	Κ	Ρ	Τ	Ω	Α	Δ	Π	Ξ	Σ	Ρ	Κ	Ο
Ύ	Φ	Ό	Ά	Ά	Ρ	Ω	Μ	Α	Ω	Τ	Α	Ρ	Τ
Δ	Ι	Ν	Π	Ο	Ι	Ό	Τ	Η	Τ	Α	Μ	Ή	Ε
Α	Σ	Η	Ί	Η	Θ	Ζ	Ψ	Ψ	Ι	Τ	Έ	Ρ	Χ
Τ	Τ	Μ	Τ	Ω	Ί	Ε	Ά	Π	Κ	Ι	Λ	Ξ	Ν
Λ	Ί	Ω	Έ	Ρ	Σ	Ν	Ρ	Χ	Ό	Κ	Α	Ω	Ι
Ν	Κ	Ξ	Η	Η	Ψ	Ό	Ρ	Μ	Α	Ό	Β	Μ	Κ
Σ	Ι	Ν	Γ	Ε	Ύ	Σ	Η	Σ	Ι	Ρ	Λ	Τ	Ή
Ο	Α	Η	Λ	Έ	Ο	Τ	Β	Ξ	Ο	Δ	Η	Ρ	Ψ
Μ	Τ	Ξ	Υ	Υ	Ψ	Ι	Δ	Δ	Χ	Ί	Ε	Ω	Ρ
Ω	Ί	Ρ	Κ	Α	Γ	Μ	Γ	Χ	Σ	Ψ	Δ	Σ	Ξ
Δ	Α	Ε	Ό	Υ	Χ	Ο	Σ	Υ	Ν	Τ	Α	Γ	Ή

ΆΡΩΜΑ	ΚΑΡΑΜΈΛΑ
ΠΙΚΡΉ	ΚΑΡΎΔΑ
ΦΙΣΤΊΚΙΑ	ΝΌΣΤΙΜΟ
ΕΞΩΤΙΚΌ	ΣΚΌΝΗ
ΑΓΑΠΗΜΈΝΟΣ	ΠΟΙΌΤΗΤΑ
ΓΕΎΣΗ	ΣΥΝΤΑΓΉ
ΒΙΟΤΕΧΝΙΚΉ	ΓΛΥΚΌ
ΚΑΚΆΟ	ΖΆΧΑΡΗ
ΘΕΡΜΙΔΕΣ	ΣΥΣΤΑΤΙΚΌ

26 - Boote

```
Η  Σ  Ω  Σ  Ί  Β  Ι  Α  Κ  Α  Ν  Ό  Τ  Θ
Γ  Η  Π  Λ  Ή  Ρ  Ω  Μ  Α  Π  Σ  Α  Ω  Ά
Χ  Μ  Ω  Κ  Ε  Α  Ν  Ό  Σ  Ο  Ε  Ω  Γ  Λ
Λ  Α  Χ  Κ  Σ  Τ  Ν  Α  Υ  Τ  Ι  Κ  Ό  Α
Ν  Δ  Γ  Α  Σ  Χ  Α  Χ  Ι  Α  Α  Α  Ψ  Σ
Ω  Ο  Ι  Τ  Ι  Ξ  Ο  Ω  Ξ  Μ  Π  Γ  Ά  Σ
Σ  Ύ  Ο  Ά  Ο  Α  Β  Ι  Λ  Ό  Ο  Ι  Γ  Α
Ξ  Ρ  Τ  Ρ  Ρ  Γ  Λ  Τ  Ν  Σ  Β  Ά  Κ  Α
Ι  Α  Έ  Τ  Λ  Ί  Μ  Ν  Η  Ί  Ά  Κ  Υ  Λ
Π  Η  Δ  Ι  Σ  Χ  Ε  Δ  Ί  Α  Θ  Λ  Ρ  Μ
Ι  Π  Λ  Ι  Σ  Τ  Ι  Ο  Φ  Ό  Ρ  Ο  Α  Π
Κ  Ύ  Μ  Α  Τ  Α  Δ  Η  Γ  Λ  Α  Τ  Μ  Μ
Ξ  Ι  Π  Ο  Ρ  Θ  Μ  Ε  Ί  Ο  Η  Β  Δ  Ε
Έ  Α  Ο  Μ  Η  Χ  Α  Ν  Ή  Ρ  Ν  Ν  Υ  Δ
```

ΆΓΚΥΡΑ	ΘΆΛΑΣΣΑ
ΣΗΜΑΔΟΎΡΑ	ΜΗΧΑΝΉ
ΠΛΉΡΩΜΑ	ΝΑΥΤΙΚΌ
ΑΠΟΒΆΘΡΑ	ΩΚΕΑΝΌΣ
ΠΟΡΘΜΕΊΟ	ΣΩΣΊΒΙΑ
ΣΧΕΔΊΑ	ΛΊΜΝΗ
ΠΟΤΑΜΌΣ	ΙΣΤΙΟΦΌΡΟ
ΚΑΓΙΆΚ	ΣΧΟΙΝΊ
ΚΑΝΌ	ΚΎΜΑΤΑ
ΚΑΤΆΡΤΙ	ΓΙΟΤ

27 - Stadt

```
Ε  Τ  Ι  Α  Ξ  Ε  Ν  Ο  Δ  Ο  Χ  Ε  Ί  Ο
Ί  Ξ  Λ  Ε  Τ  Ρ  Ά  Π  Ε  Ζ  Α  Ρ  Ρ  Μ
Λ  Θ  Μ  Ρ  Α  Ν  Θ  Ο  Π  Ω  Λ  Ε  Ί  Ο
Σ  Έ  Ί  Ο  Γ  Π  Ρ  Ξ  Ω  Υ  Σ  Ί  Κ  Υ
Υ  Α  Σ  Δ  Ο  Σ  Ι  Έ  Η  Ξ  Χ  Β  Λ  Σ
Λ  Τ  Λ  Ρ  Ρ  Χ  Ε  Ι  Υ  Λ  Ο  Ν  Ι  Ε
Λ  Ρ  Ί  Ό  Ά  Β  Γ  Ι  Δ  Ε  Λ  Ε  Ν  Ί
Ο  Ο  Σ  Μ  Ν  Ν  Μ  Ά  Ρ  Κ  Ε  Τ  Ι  Ο
Γ  Ν  Χ  Ι  Π  Ι  Έ  Α  Σ  Ε  Ί  Υ  Κ  Ξ
Ή  Β  Ω  Ο  Λ  Β  Σ  Β  Σ  Τ  Ο  Τ  Ή  Ι
Β  Ι  Β  Λ  Ι  Ο  Θ  Ή  Κ  Η  Ά  Η  Ψ  Ρ
Ν  Ε  Σ  Τ  Ι  Α  Τ  Ό  Ρ  Ι  Ο  Δ  Β  Η
Π  Α  Ν  Ε  Π  Ι  Σ  Τ  Ή  Μ  Ι  Ο  Ι  Σ
Β  Ι  Β  Λ  Ι  Ο  Π  Ω  Λ  Ε  Ί  Ο  Γ  Ο
```

ΤΡΆΠΕΖΑ	ΜΟΥΣΕΊΟ
ΒΙΒΛΙΟΘΉΚΗ	ΕΣΤΙΑΤΌΡΙΟ
ΑΝΘΟΠΩΛΕΊΟ	ΣΑΛΌΝΙ
ΒΙΒΛΙΟΠΩΛΕΊΟ	ΣΧΟΛΕΊΟ
ΑΕΡΟΔΡΌΜΙΟ	ΣΤΆΔΙΟ
ΣΥΛΛΟΓΉ	ΜΆΡΚΕΤ
ΞΕΝΟΔΟΧΕΊΟ	ΘΈΑΤΡΟ
ΚΛΙΝΙΚΉ	ΠΑΝΕΠΙΣΤΉΜΙΟ
ΑΓΟΡΆ	

28 - Aktivitäten

```
Τ  Ψ  Ί  Β  Ι  Α  Π  Ψ  Ν  Σ  Ψ  Α  Η  Ζ
Φ  Τ  Δ  Ο  Τ  Χ  Λ  Ρ  Ά  Ψ  Ι  Μ  Ο  Ω
Έ  Ω  Ε  Ρ  Α  Ξ  Έ  Ω  Ψ  Ρ  Ί  Ο  Υ  Γ
Ί  Χ  Τ  Δ  Ν  Γ  Ξ  Π  Λ  Δ  Ε  Ξ  Χ  Ρ
Κ  Η  Π  Ο  Υ  Ρ  Ι  Κ  Ή  Π  Ω  Μ  Ξ  Α
Σ  Ψ  Ω  Η  Γ  Β  Μ  Α  Γ  Ε  Ί  Α  Α  Φ
Μ  Τ  Τ  Η  Ι  Ρ  Ο  Κ  Υ  Ν  Ή  Γ  Ι  Ι
Β  Σ  Έ  Γ  Α  Χ  Α  Λ  Ά  Ρ  Ω  Σ  Η  Κ
Α  Ν  Α  Ψ  Υ  Χ  Ή  Φ  Λ  Τ  Ω  Ω  Τ  Ή
Κ  Ε  Ρ  Α  Μ  Ι  Κ  Ή  Ί  Ω  Γ  Π  Έ  Υ
Π  Α  Ι  Χ  Ν  Ί  Δ  Ι  Α  Α  Σ  Μ  Χ  Χ
Ε  Π  Ι  Δ  Ε  Ξ  Ι  Ό  Τ  Η  Τ  Α  Ν  Έ
Μ  Ω  Β  Ι  Ο  Τ  Ε  Χ  Ν  Ί  Α  Χ  Η  Β
Δ  Ρ  Α  Σ  Τ  Η  Ρ  Ι  Ό  Τ  Η  Τ  Α  Ι
```

ΔΡΑΣΤΗΡΙΌΤΗΤΑ
ΨΆΡΕΜΑ
ΧΑΛΆΡΩΣΗ
ΕΠΙΔΕΞΙΌΤΗΤΑ
ΦΩΤΟΓΡΑΦΊΑ
ΑΝΑΨΥΧΉ
ΚΗΠΟΥΡΙΚΉ
ΖΩΓΡΑΦΙΚΉ

ΚΥΝΉΓΙ
ΚΕΡΑΜΙΚΉ
ΤΈΧΝΗ
ΒΙΟΤΕΧΝΊΑ
ΜΑΓΕΊΑ
ΡΆΨΙΜΟ
ΠΑΙΧΝΊΔΙΑ
ΠΛΈΞΙΜΟ

29 - Bienen

```
Ε  Δ  Κ  Β  Α  Σ  Ί  Λ  Ι  Σ  Σ  Α  Ο  Η
Λ  Π  Ο  Υ  Ί  Ξ  Ο  Β  Φ  Ρ  Η  Μ  Β  Ψ
Ο  Ε  Ι  Ω  Ψ  Η  Μ  Γ  Τ  Ι  Δ  Σ  Ί  Χ
Υ  Υ  Κ  Κ  Ν  Έ  Έ  Ύ  Ε  Ψ  Ξ  Ί  Τ  Δ
Λ  Ε  Ο  Κ  Ο  Π  Λ  Ρ  Ρ  Ά  Ν  Θ  Ο  Σ
Ο  Ρ  Σ  Α  Ξ  Ν  Ι  Η  Ά  Κ  Σ  Έ  Φ  Σ
Ύ  Γ  Ύ  Π  Ή  Λ  Ι  Ο  Σ  Ε  Υ  Μ  Ρ  Μ
Δ  Ε  Σ  Ν  Α  Ο  Μ  Α  Ρ  Ρ  Χ  Β  Ο  Ή
Ι  Τ  Τ  Ί  Ν  Ι  Ο  Ρ  Σ  Ί  Β  Τ  Ύ  Ν
Α  Ι  Η  Ζ  Ο  Ξ  Δ  Η  Έ  Τ  Έ  Τ  Τ  Ο
Α  Κ  Μ  Ο  Τ  Ρ  Ο  Φ  Ή  Φ  Ή  Π  Ο  Σ
Ν  Ή  Α  Υ  Έ  Ν  Τ  Ο  Μ  Ο  Υ  Σ  Υ  Π
Α  Ξ  Ρ  Ν  Κ  Ή  Π  Ο  Σ  Χ  Ε  Τ  Χ  Ν
Π  Ο  Ι  Κ  Ι  Λ  Ί  Α  Τ  Ν  Δ  Ν  Ά  Σ
```

ΕΠΙΚΟΝΙΑΣΤΉΣ   ΒΑΣΊΛΙΣΣΑ
ΚΥΨΈΛΗ   ΟΙΚΟΣΎΣΤΗΜΑ
ΛΟΥΛΟΎΔΙΑ   ΦΥΤΆ
ΆΝΘΟΣ   ΓΎΡΗ
ΤΡΟΦΉ   ΚΑΠΝΊΖΟΥΝ
ΦΤΕΡΆ   ΣΜΉΝΟΣ
ΦΡΟΎΤΟ   ΉΛΙΟΣ
ΚΉΠΟΣ   ΠΟΙΚΙΛΊΑ
ΜΈΛΙ   ΕΥΕΡΓΕΤΙΚΉ
ΈΝΤΟΜΟ   ΚΕΡΊ

30 - Wissenschaftliche Disziplinen

```
Η  Χ  Ψ  Υ  Χ  Ο  Λ  Ο  Γ  Ί  Α  Ο  Α  Α
Γ  Λ  Ω  Σ  Σ  Ο  Λ  Ο  Γ  Ί  Α  Ο  Ρ  Ν
Ρ  Η  Ι  Ν  Β  Ι  Ο  Λ  Ο  Γ  Ί  Α  Χ  Α
Ο  Χ  Η  Μ  Ε  Ί  Α  Π  Ρ  Χ  Ν  Σ  Α  Τ
Ρ  Ι  Ί  Ο  Γ  Φ  Λ  Χ  Γ  Ι  Β  Τ  Ι  Ο
Υ  Έ  Κ  Η  Λ  Υ  Ι  Έ  Σ  Β  Ι  Ρ  Ο  Μ
Κ  Η  Υ  Ο  Υ  Σ  Ξ  Γ  Η  Ο  Χ  Ο  Λ  Ί
Τ  Χ  Γ  Σ  Λ  Ι  Ψ  Γ  Σ  Η  Ι  Ν  Ο  Α
Ο  Α  Ν  Ο  Σ  Ο  Λ  Ο  Γ  Ί  Α  Ο  Γ  Χ
Λ  Π  Ξ  Γ  Μ  Λ  Γ  Χ  Δ  Ί  Ψ  Μ  Ί  Ρ
Ο  Χ  Δ  Υ  Μ  Ο  Ψ  Ί  Ξ  Ί  Ω  Ί  Α  Σ
Γ  Ε  Ω  Λ  Ο  Γ  Ί  Α  Α  Ο  Ι  Α  Ί  Ξ
Ί  Ν  Ω  Έ  Τ  Ί  Μ  Η  Χ  Α  Ν  Ι  Κ  Ή
Α  Τ  Β  Ο  Τ  Α  Ν  Ι  Κ  Ή  Ι  Β  Α  Χ
```

ΑΝΑΤΟΜΊΑ   ΑΝΟΣΟΛΟΓΊΑ
ΑΡΧΑΙΟΛΟΓΊΑ   ΓΛΩΣΣΟΛΟΓΊΑ
ΑΣΤΡΟΝΟΜΊΑ   ΜΗΧΑΝΙΚΉ
ΒΙΟΛΟΓΊΑ   ΟΡΥΚΤΟΛΟΓΊΑ
ΒΟΤΑΝΙΚΉ   ΟΙΚΟΛΟΓΊΑ
ΧΗΜΕΊΑ   ΦΥΣΙΟΛΟΓΊΑ
ΓΕΩΛΟΓΊΑ   ΨΥΧΟΛΟΓΊΑ

31 - Vögel

```
Π  Ε  Λ  Ε  Κ  Α  Ν  Ε  Λ  Υ  Π  Π  Κ  Κ
Ρ  Κ  Ο  Ρ  Ά  Κ  Ι  Ν  Σ  Α  Ε  Α  Ύ  Ο
Ξ  Ψ  Ο  Γ  Λ  Ά  Ρ  Ο  Σ  Δ  Ρ  Π  Κ  Τ
Ο  Α  Α  Υ  Τ  Ο  Υ  Κ  Ά  Ν  Ι  Α  Ν  Ό
Φ  Π  Ι  Γ  Κ  Ο  Υ  Ί  Ν  Ο  Σ  Γ  Ο  Π
Δ  Λ  Π  Κ  Ψ  Ο  Γ  Δ  Σ  Χ  Τ  Ά  Σ  Ο
Π  Ο  Α  Ι  Ο  Α  Υ  Γ  Ό  Ν  Έ  Λ  Χ  Υ
Ε  Ε  Γ  Μ  Λ  Ύ  Η  Β  Γ  Ν  Ρ  Ο  Ή  Λ
Λ  Χ  Ώ  Ν  Ί  Υ  Κ  Έ  Ά  Γ  Ι  Σ  Ν  Ο
Α  Ί  Ν  Ψ  Ν  Ν  Γ  Ο  Τ  Γ  Έ  Α  Α  Χ
Ρ  Δ  Ι  Δ  Χ  Γ  Γ  Ξ  Σ  Έ  Ι  Ι  Ε  Ψ
Γ  Π  Ά  Π  Ι  Α  Ι  Κ  Β  Σ  Τ  Α  Τ  Ξ
Ό  Ξ  Ω  Ε  Ρ  Ω  Δ  Ι  Ο  Σ  Α  Π  Ό  Λ
Σ  Π  Ο  Υ  Ρ  Γ  Ί  Τ  Ι  Υ  Ξ  Ψ  Σ  Γ
```

ΑΕΤΌΣ	ΠΕΛΕΚΑΝ
ΑΥΓΌ	ΠΑΓΏΝΙ
ΠΆΠΙΑ	ΠΙΓΚΟΥΊΝΟΣ
ΚΟΥΚΟΥΒΆΓΙΑ	ΚΟΡΆΚΙ
ΦΛΑΜΊΝΓΚΟ	ΕΡΩΔΙΟΣ
ΧΉΝΑ	ΚΎΚΝΟΣ
ΚΟΤΌΠΟΥΛΟ	ΣΠΟΥΡΓΊΤΙ
ΚΟΎΚΟΣ	ΠΕΛΑΡΓΌΣ
ΓΛΆΡΟΣ	ΠΕΡΙΣΤΈΡΙ
ΠΑΠΑΓΆΛΟΣ	ΤΟΥΚΆΝ

32 - Garten

Ι	Μ	Ω	Ο	Λ	Ω	Ε	Ι	Έ	Ψ	Υ	Τ	Ζ	Λ
Τ	Σ	Ο	Υ	Γ	Κ	Ρ	Ά	Ν	Α	Ω	Ρ	Ι	Ο
Γ	Κ	Α	Ζ	Ό	Ν	Χ	Ν	Υ	Ι	Γ	Α	Ζ	Υ
Φ	Ρ	Α	Κ	Τ	Η	Σ	Έ	Β	Ώ	Η	Μ	Ά	Λ
Υ	Π	Α	Γ	Κ	Ά	Κ	Ι	Ε	Ρ	Χ	Π	Ν	Ο
Ε	Ι	Ρ	Σ	Σ	Ψ	Ε	Σ	Ρ	Α	Ε	Ο	Ι	Ύ
Σ	Ρ	Έ	Σ	Ί	Φ	Τ	Υ	Ά	Ρ	Ι	Λ	Α	Δ
Ί	Ω	Ω	Ι	Ο	Δ	Ν	Γ	Ν	Ξ	Ψ	Ί	Γ	Ι
Η	Ί	Λ	Δ	Δ	Μ	Ι	Έ	Τ	Δ	Ψ	Ν	Κ	Ψ
Μ	Α	Ί	Ή	Υ	Ω	Κ	Τ	Α	Ν	Υ	Ο	Α	Δ
Ι	Έ	Μ	Λ	Ν	Μ	Έ	Ή	Δ	Έ	Ν	Τ	Ρ	Ο
Δ	Τ	Ν	Ω	Ό	Α	Α	Δ	Π	Μ	Υ	Π	Ά	Ω
Λ	Ε	Η	Ε	Ξ	Γ	Ι	Ί	Ι	Ο	Ψ	Ψ	Ζ	Π
Π	Ε	Ρ	Ι	Β	Ό	Λ	Ι	Σ	Ω	Σ	Ρ	Τ	Γ

ΠΑΓΚΆΚΙ
ΔΈΝΤΡΟ
ΛΟΥΛΟΎΔΙ
ΓΚΑΡΆΖ
ΚΉΠΟΣ
ΓΡΑΣΊΔΙ
ΑΙΏΡΑ
ΠΕΡΙΒΌΛΙ
ΓΚΑΖΌΝ

ΤΣΟΥΓΚΡΆΝΑ
ΦΤΥΆΡΙ
ΣΩΛΉΝΑ
ΛΊΜΝΗ
ΒΕΡΆΝΤΑ
ΤΡΑΜΠΟΛΊΝΟ
ΖΙΖΆΝΙΑ
ΦΡΑΚΤΗΣ

33 - Antarktis

```
Β  Ρ  Α  Χ  Ώ  Δ  Η  Σ  Α  Β  Β  Τ  Α  Μ
Ε  Π  Ι  Σ  Τ  Η  Μ  Ο  Ν  Ι  Κ  Ή  Ε  Ε
Σ  Σ  Δ  Γ  Τ  Έ  Ί  Τ  Ν  Δ  Υ  Α  Μ  Τ
Τ  Π  Ι  Μ  Α  Γ  Ε  Ω  Γ  Ρ  Α  Φ  Ί  Α
Ά  Ή  Α  Μ  Χ  Γ  Κ  Ν  Η  Σ  Ι  Ά  Ε  Ν
Ν  Π  Τ  Μ  Ι  Ρ  Δ  Έ  Ο  Ρ  Υ  Κ  Τ  Ά
Ε  Ε  Ή  Ψ  Α  Ε  Ρ  Ε  Υ  Ν  Η  Τ  Ή  Σ
Μ  Ι  Ρ  Τ  Ο  Π  Ο  Γ  Ρ  Α  Φ  Ί  Α  Τ
Ο  Ρ  Η  Ό  Υ  Ε  Μ  Κ  Α  Ι  Ρ  Ό  Σ  Ε
Ι  Ο  Σ  Α  Υ  Ψ  Ή  Ψ  Ό  Μ  Δ  Π  Π  Υ
Ί  Σ  Η  Μ  Ψ  Ν  Π  Ο  Υ  Λ  Ι  Ά  Η  Σ
Χ  Ε  Ρ  Σ  Ό  Ν  Η  Σ  Ο  Α  Π  Γ  Π  Η
Θ  Ε  Ρ  Μ  Ο  Κ  Ρ  Α  Σ  Ί  Α  Ο  Η  Ψ
Π  Ε  Ρ  Ι  Β  Ά  Λ  Λ  Ο  Ν  Β  Σ  Μ  Α
```

ΚΌΛΠΟ
ΠΆΓΟΣ
ΔΙΑΤΉΡΗΣΗ
ΕΚΔΡΟΜΉ
ΒΡΑΧΏΔΗΣ
ΕΡΕΥΝΗΤΉΣ
ΓΕΩΓΡΑΦΊΑ
ΧΕΡΣΌΝΗΣΟ
ΝΗΣΙΆ
ΉΠΕΙΡΟΣ

ΜΕΤΑΝΆΣΤΕΥΣΗ
ΟΡΥΚΤΆ
ΘΕΡΜΟΚΡΑΣΊΑ
ΤΟΠΟΓΡΑΦΊΑ
ΠΕΡΙΒΆΛΛΟΝ
ΠΟΥΛΙΆ
ΝΕΡΌ
ΚΑΙΡΌΣ
ΆΝΕΜΟΙ
ΕΠΙΣΤΗΜΟΝΙΚΉ

34 - Fahren

Έ	Ε	Ξ	Κ	Κ	Α	Ε	Φ	Ν	Ι	Ε	Ψ	Ο	Ρ
Τ	Χ	Λ	Α	Ι	Σ	Μ	Ο	Τ	Έ	Ρ	Ι	Β	Ε
Ε	Ρ	Α	Ύ	Ν	Τ	Μ	Ρ	Ρ	Ο	Δ	Ρ	Ε	Β
Ρ	Ο	Γ	Σ	Δ	Υ	Β	Τ	Τ	Ι	Ρ	Λ	Ο	Ν
Α	Π	Ν	Ι	Ύ	Ν	Λ	Η	Δ	Ν	Ξ	Ί	Η	Α
Τ	Έ	Ν	Μ	Ν	Ο	Ε	Γ	Κ	Α	Ρ	Ά	Ζ	Υ
Ύ	Ξ	Ρ	Ο	Ο	Μ	Ω	Ό	Σ	Γ	Γ	Ψ	Τ	Τ
Χ	Μ	Χ	Ι	Υ	Ί	Φ	Ξ	Ή	Χ	Υ	Χ	Α	Ο
Η	Χ	Δ	Η	Ο	Α	Ο	Ε	Ρ	Λ	Ά	Ω	Χ	Κ
Μ	Ε	Τ	Α	Φ	Ο	Ρ	Ά	Α	Φ	Έ	Ρ	Ύ	Ί
Α	Τ	Ξ	Ι	Δ	Έ	Ε	Δ	Γ	Ρ	Λ	Β	Τ	Ν
Δ	Ί	Σ	Σ	Ρ	Ρ	Ί	Ε	Γ	Έ	Ί	Ν	Η	Η
Μ	Π	Ο	Σ	Ρ	Α	Ο	Ι	Α	Ν	Μ	Ι	Τ	Τ
Α	Σ	Φ	Ά	Λ	Ε	Ι	Α	Έ	Α	Χ	Ν	Α	Ο

ΑΥΤΟΚΊΝΗΤΟ	ΆΔΕΙΑ
ΦΡΈΝΑ	ΦΟΡΤΗΓΟ
ΚΑΎΣΙΜΟ	ΜΟΤΈΡ
ΛΕΩΦΟΡΕΊΟ	ΑΣΤΥΝΟΜΊΑ
ΓΚΑΡΆΖ	ΑΣΦΆΛΕΙΑ
ΑΈΡΙΟ	ΜΕΤΑΦΟΡΆ
ΚΙΝΔΎΝΟΥ	ΣΉΡΑΓΓΑ
ΤΑΧΎΤΗΤΑ	ΑΤΎΧΗΜΑ
ΧΆΡΤΗ	

35 - Bücher

```
Π  Ε  Η  Ε  Ο  Γ  Ο  Π  Έ  Ξ  Σ  Χ  Σ  Ι
Π  Λ  Α  Ί  Σ  Ι  Ο  Γ  Ο  Β  Υ  Ι  Υ  Σ
Ε  Π  Ι  Κ  Ή  Σ  Ω  Ρ  Υ  Ί  Ί  Ο  Γ  Τ
Μ  Ε  Ψ  Ί  Α  Ε  Λ  Α  Η  Έ  Η  Υ  Γ  Ο
Δ  Ω  Ο  Χ  Η  Ι  Β  Π  Σ  Β  Σ  Μ  Ρ  Ρ
Ω  Ε  Φ  Ε  Υ  Ρ  Ε  Τ  Ι  Κ  Ή  Ο  Α  Ι
Γ  Α  Υ  Έ  Ί  Ά  Β  Ή  Μ  Τ  Έ  Ρ  Φ  Κ
Π  Ε  Ρ  Ι  Π  Έ  Τ  Ε  Ι  Α  Έ  Ι  Έ  Ό
Χ  Έ  Ι  Έ  Σ  Π  Ι  Χ  Έ  Τ  Π  Σ  Α  Σ
Π  Δ  Π  Σ  Ί  Τ  Τ  Ε  Ω  Υ  Ο  Τ  Σ  Ε
Π  Η  Σ  Υ  Λ  Λ  Ο  Γ  Ή  Ψ  Ί  Ι  Β  Λ
Τ  Ρ  Α  Γ  Ι  Κ  Ή  Ρ  Ν  Έ  Η  Κ  Ε  Ί
Α  Φ  Η  Γ  Η  Τ  Ή  Σ  Ί  Ί  Σ  Ό  Ξ  Δ
Ε  Έ  Τ  Π  Λ  Ρ  Ν  Σ  Τ  Α  Η  Ί  Ψ  Α
```

ΠΕΡΙΠΈΤΕΙΑ ΙΣΤΟΡΙΚΌ
ΣΥΓΓΡΑΦΈΑΣ ΧΙΟΥΜΟΡΙΣΤΙΚΌ
ΕΠΙΚΉ ΣΥΛΛΟΓΉ
ΕΦΕΥΡΕΤΙΚΉ ΠΛΑΊΣΙΟ
ΑΦΗΓΗΤΉΣ ΠΟΊΗΣΗ
ΠΟΊΗΜΑ ΣΕΛΊΔΑ
ΙΣΤΟΡΊΑ ΣΕΙΡΆ
ΓΡΑΠΤΉ ΤΡΑΓΙΚΉ

36 - Menschlicher Körper

Π	Σ	Β	Δ	Ί	Σ	Υ	Ξ	Γ	Λ	Ώ	Σ	Σ	Α
Ν	Ρ	Α	Γ	Κ	Ώ	Ν	Α	Λ	Χ	Ί	Δ	Ε	Σ
Β	Μ	Ό	Γ	Ξ	Ι	Ξ	Α	Χ	Π	Δ	Ί	Δ	Τ
Μ	Π	Κ	Σ	Ό	Π	Β	Ξ	Έ	Ψ	Ω	Μ	Υ	Ρ
Υ	Χ	Ε	Ρ	Ω	Ν	Δ	Έ	Ρ	Μ	Α	Ύ	Β	Ά
Α	Σ	Φ	Ν	Σ	Π	Ι	Α	Ι	Α	Υ	Τ	Ί	Γ
Λ	Κ	Ά	Τ	Β	Ο	Ο	Β	Σ	Ί	Π	Η	Π	Α
Ό	Α	Λ	Ώ	Μ	Ο	Σ	Ρ	Χ	Μ	Ό	Γ	Έ	Λ
Ρ	Ρ	Ι	Σ	Ψ	Τ	Δ	Χ	Ω	Α	Δ	Γ	Μ	Ο
Ι	Δ	Β	Μ	Π	Η	Γ	Ο	Ύ	Ν	Ι	Ό	Χ	Σ
Μ	Ι	Β	Έ	Ό	Τ	Ν	Ρ	Δ	Χ	Γ	Ν	Μ	Σ
Τ	Ά	Έ	Α	Μ	Σ	Σ	Τ	Ό	Μ	Α	Α	Ε	Έ
Λ	Δ	Ά	Χ	Τ	Υ	Λ	Ο	Ι	Ξ	Ί	Τ	Λ	Ί
Έ	Β	Η	Ο	Ο	Ν	Β	Υ	Α	Β	Ν	Ο	Έ	Δ

ΠΌΔΙ	ΣΑΓΌΝΙ
ΑΊΜΑ	ΠΗΓΟΎΝΙ
ΑΓΚΏΝΑ	ΓΌΝΑΤΟ
ΔΆΧΤΥΛΟ	ΑΣΤΡΆΓΑΛΟΣ
ΜΥΑΛΌ	ΚΕΦΆΛΙ
ΠΡΌΣΩΠΟ	ΣΤΌΜΑ
ΛΑΙΜΌΣ	ΜΎΤΗ
ΧΈΡΙ	ΑΥΤΊ
ΔΈΡΜΑ	ΏΜΟΣ
ΚΑΡΔΙΆ	ΓΛΏΣΣΑ

37 - Klettern

```
Υ  Μ  Ο  Τ  Ο  Μ  Δ  Φ  Υ  Σ  Ι  Κ  Ή  Μ
Ε  Ψ  Τ  Δ  Τ  Ί  Μ  Δ  Ο  Ν  Τ  Σ  Γ  Η
Χ  Ρ  Ό  Ο  Η  Ρ  Α  Ι  Λ  Ψ  Α  Ε  Β  Δ
Ρ  Τ  Π  Μ  Ρ  Γ  Ά  Ν  Τ  Ι  Α  Β  Ν  Ί
Τ  Χ  Σ  Σ  Ε  Ν  Ο  Υ  Σ  Ν  Τ  Β  Ω  Ό
Ψ  Τ  Ο  Χ  Ξ  Τ  Κ  Ί  Δ  Χ  Ά  Ρ  Τ  Η
Ψ  Σ  Τ  Α  Θ  Ε  Ρ  Ό  Τ  Η  Τ  Α  Β  Ε
Έ  Δ  Α  Φ  Ο  Σ  Ά  Ο  Μ  Π  Ό  Τ  Ε  Σ
Π  Η  Ξ  Ί  Δ  Ύ  Ν  Α  Μ  Η  Β  Ξ  Υ  Π
Ε  Α  Δ  Ι  Ι  Ν  Ο  Ξ  Η  Γ  Μ  Α  Τ  Ή
Η  Γ  Ο  Ξ  Ί  Λ  Σ  Δ  Λ  Ω  Π  Α  Σ  Λ
Ο  Γ  Ρ  Α  Τ  Μ  Ό  Σ  Φ  Α  Ι  Ρ  Α  Α
Κ  Α  Τ  Ά  Ρ  Τ  Ι  Σ  Η  Ι  Ω  Ψ  Ν  Ι
Π  Ε  Ρ  Ι  Έ  Ρ  Γ  Ε  Ι  Α  Ο  Ε  Δ  Ο
```

ΑΤΜΌΣΦΑΙΡΑ   ΧΆΡΤΗ
ΚΑΤΆΡΤΙΣΗ   ΠΕΡΙΈΡΓΕΙΑ
ΟΔΗΓΟΊ   ΦΥΣΙΚΉ
ΈΔΑΦΟΣ   ΣΤΕΝΌ
ΓΆΝΤΙΑ   ΣΤΑΘΕΡΌΤΗΤΑ
ΚΡΆΝΟΣ   ΔΎΝΑΜΗ
ΥΨΌΜΕΤΡΟ   ΜΠΌΤΕΣ
ΣΠΉΛΑΙΟ

38 - Landschaften

Η	Κ	Π	Α	Γ	Ί	Ψ	Ρ	Κ	Ι	Τ	Ι	Λ	Έ
Φ	Α	Ο	Λ	Ί	Μ	Ν	Η	Σ	Ό	Λ	Γ	Τ	Ν
Α	Τ	Τ	Ι	Λ	Π	Τ	Α	Τ	Η	Λ	Τ	Ω	Π
Ί	Α	Α	Π	Λ	Λ	Ό	Φ	Ο	Η	Ι	Π	Β	Ε
Σ	Ρ	Μ	Ε	Θ	Ά	Λ	Α	Σ	Σ	Α	Η	Ο	Ρ
Τ	Ρ	Ό	Η	Β	Γ	Δ	Ί	Μ	Ο	Η	Ψ	Υ	Σ
Ε	Ά	Σ	Ο	Λ	Ε	Μ	Α	Υ	Ξ	Π	Τ	Ν	Υ
Ι	Κ	Π	Α	Ρ	Α	Λ	Ί	Α	Ι	Ω	Λ	Ό	Χ
Ο	Τ	Ή	Γ	Έ	Ω	Λ	Γ	Β	Ά	Λ	Τ	Ο	Σ
Μ	Η	Λ	Ι	Μ	Ν	Ο	Θ	Ά	Λ	Α	Σ	Σ	Α
Μ	Υ	Α	Ό	Τ	Ο	Ύ	Ν	Δ	Ρ	Α	Δ	Ί	Υ
Ο	Υ	Ι	Π	Α	Γ	Ό	Β	Ο	Υ	Ν	Ο	Λ	Μ
Ω	Ε	Ο	Α	Η	Σ	Ε	Ρ	Ή	Μ	Ο	Υ	Σ	Ν
Γ	Ι	Ψ	Λ	Τ	Ν	Η	Σ	Ί	Ν	Δ	Ρ	Ε	Η

ΒΟΥΝΌ
ΠΑΓΌΒΟΥΝΟ
ΠΟΤΑΜΌΣ
ΚΌΛΠΟΣ
ΣΠΉΛΑΙΟ
ΛΌΦΟ
ΝΗΣΊ
ΛΙΜΝΟΘΆΛΑΣΣΑ
ΘΆΛΑΣΣΑ

ΌΑΣΗ
ΛΊΜΝΗ
ΠΑΡΑΛΊΑ
ΒΆΛΤΟΣ
ΚΟΙΛΆΔΑ
ΤΟΎΝΔΡΑ
ΗΦΑΊΣΤΕΙΟ
ΚΑΤΑΡΡΆΚΤΗ
ΕΡΉΜΟΥ

39 - Abenteuer

```
Υ  Ε  Ρ  Έ  Σ  Ρ  Χ  Π  Ε  Α  Ε  Γ  Π  Ν
Έ  Ν  Η  Ε  Σ  Ε  Λ  Ε  Σ  Σ  Π  Ε  Λ  Έ
Π  Α  Ρ  Α  Σ  Κ  Ε  Υ  Ή  Υ  Ι  Ν  Ο  Α
Ξ  Χ  Τ  Μ  Ξ  Ε  Τ  Κ  Έ  Ν  Κ  Ν  Ή  Δ
Φ  Δ  Β  Χ  Ρ  Υ  Χ  Α  Β  Ή  Ί  Α  Γ  Δ
Β  Ί  Ο  Μ  Ο  Ρ  Φ  Ι  Ά  Θ  Ν  Ι  Η  Π
Ψ  Ψ  Λ  Δ  Η  Σ  Ύ  Ρ  Ι  Ι  Δ  Ό  Σ  Β
Ε  Λ  Β  Ο  Γ  Ί  Σ  Ί  Έ  Σ  Υ  Τ  Η  Δ
Κ  Ν  Λ  Ο  Ι  Τ  Η  Α  Ω  Τ  Ν  Η  Ξ  Λ
Δ  Ρ  Ο  Μ  Ο  Λ  Ό  Γ  Ι  Ο  Ο  Τ  Ω  Έ
Ρ  Τ  Α  Ξ  Ί  Δ  Ι  Δ  Α  Ρ  Χ  Α  Ρ  Ά
Ο  Δ  Υ  Σ  Κ  Ο  Λ  Ί  Α  Ρ  Ί  Ν  Δ  Ψ
Μ  Ί  Α  Σ  Φ  Ά  Λ  Ε  Ι  Α  Γ  Ο  Σ  Α
Ή  Δ  Ρ  Α  Σ  Τ  Η  Ρ  Ι  Ό  Τ  Η  Τ  Α
```

ΔΡΑΣΤΗΡΙΌΤΗΤΑ
ΕΚΔΡΟΜΉ
ΕΥΚΑΙΡΊΑ
ΧΑΡΆ
ΦΊΛΟΙ
ΕΠΙΚΊΝΔΥΝΟ
ΦΎΣΗ
ΠΛΟΉΓΗΣΗ
ΝΈΑ

ΤΑΞΊΔΙ
ΔΡΟΜΟΛΌΓΙΟ
ΟΜΟΡΦΙΆ
ΔΥΣΚΟΛΊΑ
ΑΣΦΆΛΕΙΑ
ΓΕΝΝΑΙΌΤΗΤΑ
ΑΣΥΝΉΘΙΣΤΟ
ΠΑΡΑΣΚΕΥΉ

40 - Flugzeuge

```
Γ  Ξ  Ν  Η  Ι  Ω  Ε  Π  Ι  Β  Ά  Τ  Η  Ψ
Ι  Ε  Δ  Έ  Σ  Υ  Κ  Ε  Γ  Υ  Ξ  Ν  Ρ  Μ
Λ  Ε  Ω  Τ  Τ  Δ  Α  Ρ  Τ  Τ  Ι  Υ  Ο  Η
Σ  Ί  Έ  Ν  Ο  Ρ  Τ  Ι  Έ  Λ  Ι  Κ  Α  Χ
Κ  Χ  Α  Ψ  Ρ  Ο  Α  Π  Ξ  Ι  Α  Γ  Υ  Α
Μ  Α  Έ  Σ  Ί  Γ  Σ  Έ  Α  Κ  Ί  Γ  Μ  Ν
Π  Ο  Ι  Δ  Α  Ό  Κ  Τ  Ν  Α  Β  Λ  Έ  Ή
Ο  Ι  Π  Ρ  Ι  Ν  Ε  Ε  Α  Τ  Υ  Ψ  Ο  Σ
Έ  Ο  Λ  Έ  Ό  Ο  Υ  Ι  Τ  Α  Χ  Ψ  Υ  Σ
Χ  Τ  Τ  Ο  Ο  Σ  Ή  Α  Α  Γ  Σ  Σ  Ρ  Έ
Ε  Α  Μ  Τ  Τ  Π  Λ  Ή  Ρ  Ω  Μ  Α  Α  Υ
Ρ  Κ  Α  Ύ  Σ  Ι  Μ  Ο  Α  Γ  Β  Π  Ν  Μ
Α  Έ  Ρ  Α  Σ  Σ  Κ  Α  Χ  Ή  Λ  Τ  Ό  Δ
Μ  Π  Α  Λ  Ό  Ν  Ι  Ή  Ή  Ο  Β  Ο  Σ  Ι
```

ΠΕΡΙΠΈΤΕΙΑ	ΚΑΤΑΣΚΕΥΉ
ΚΑΤΑΓΩΓΉ	ΑΈΡΑΣ
ΜΠΑΛΌΝΙ	ΜΗΧΑΝΉ
ΚΑΎΣΙΜΟ	ΕΠΙΒΆΤΗ
ΠΛΉΡΩΜΑ	ΠΙΛΟΤΙΚΉ
ΣΧΈΔΙΟ	ΈΛΙΚΑ
ΙΣΤΟΡΊΑ	ΑΝΑΤΑΡΑΧΉ
ΟΥΡΑΝΌΣ	ΥΔΡΟΓΌΝΟ
ΎΨΟΣ	ΚΑΙΡΌΣ

41 - Haartypen

Υ	Ξ	Π	Μ	Υ	Ψ	Ν	Ξ	Φ	Έ	Ψ	Δ	Μ	Λ
Ξ	Έ	Μ	Α	Κ	Ρ	Ύ	Π	Α	Χ	Ύ	Δ	Α	Α
Α	Σ	Η	Μ	Έ	Ν	Ι	Ο	Λ	Ν	Ξ	Ί	Ύ	Μ
Σ	Γ	Ο	Υ	Ρ	Ά	Λ	Ψ	Α	Λ	Θ	Β	Ρ	Π
Ο	Μ	Α	Λ	Ή	Έ	Ί	Έ	Κ	Ξ	Γ	Ά	Ο	Ε
Μ	Α	Λ	Α	Κ	Ό	Ο	Ξ	Ρ	Λ	Χ	Ι	Ι	Ρ
Π	Σ	Η	Ρ	Τ	Ξ	Η	Ρ	Ό	Ε	Κ	Γ	Μ	Ά
Λ	Λ	Έ	Μ	Έ	Ο	Ε	Ω	Σ	Π	Ο	Α	Ε	Α
Ε	Ο	Ε	Ν	Ε	Δ	Σ	Ω	Η	Τ	Ν	Ν	Φ	Τ
Υ	Ο	Έ	Γ	Ο	Ω	Υ	Γ	Ι	Ή	Τ	Δ	Ξ	Έ
Κ	Ψ	Έ	Α	Μ	Α	Ε	Κ	Β	Υ	Ό	Λ	Ο	Β
Ό	Β	Λ	Ε	Λ	Έ	Ι	Ρ	Ρ	Έ	Τ	Ί	Ι	Ρ
Α	Λ	Γ	Μ	Δ	Ψ	Ν	Ι	Ρ	Ν	Μ	Έ	Π	Υ
Ν	Α	Ψ	Π	Έ	Μ	Π	Ο	Ύ	Κ	Λ	Ε	Σ	Ω

ΞΑΝΘΆ
ΚΑΦΈ
ΠΑΧΎ
ΛΕΠΤΉ
ΠΛΕΓΜΈΝΟ
ΥΓΙΉ
ΟΜΑΛΉ
ΛΑΜΠΕΡΆ
ΓΚΡΙ
ΦΑΛΑΚΡΌΣ

ΚΟΝΤΌ
ΜΑΚΡΎ
ΜΠΟΎΚΛΕΣ
ΣΓΟΥΡΆ
ΜΑΎΡΟ
ΑΣΗΜΈΝΙΟ
ΞΗΡΌ
ΜΑΛΑΚΌ
ΛΕΥΚΌ

42 - Essen #1

Τ	Ό	Ν	Ο	Σ	Λ	Ω	Ζ	Ξ	Γ	Γ	Έ	Λ	Χ
Ρ	Μ	Ε	Ψ	Τ	Α	Χ	Λ	Ά	Δ	Ι	Χ	Ρ	Υ
Ψ	Σ	Χ	Λ	Λ	Π	Β	Χ	Ξ	Χ	Δ	Ο	Ω	Μ
Σ	Τ	Γ	Σ	Α	Λ	Ά	Τ	Α	Έ	Α	Ρ	Ξ	Ό
Π	Α	Ο	Λ	Ρ	Ν	Σ	Μ	Α	Έ	Ε	Ρ	Δ	Σ
Α	Ο	Γ	Ω	Β	Ι	Ξ	Έ	Ρ	Σ	Β	Α	Η	Κ
Ν	Μ	Γ	Δ	Ο	Φ	Κ	Α	Ν	Έ	Λ	Α	Α	Ό
Ά	Έ	Ύ	Β	Α	Σ	Ι	Λ	Ι	Κ	Ο	Ύ	Η	Ρ
Κ	Α	Λ	Ά	Τ	Ι	Ρ	Σ	Ο	Ύ	Π	Α	Κ	Δ
Ι	Α	Ι	Κ	Α	Φ	Έ	Ξ	Τ	Έ	Γ	Ο	Ρ	Ο
Ρ	Φ	Ρ	Ά	Ο	Υ	Λ	Α	Ω	Ί	Π	Ν	Έ	Λ
Σ	Τ	Λ	Ό	Λ	Ε	Μ	Ό	Ν	Ι	Κ	Ν	Α	Ρ
Έ	Μ	Έ	Ψ	Τ	Β	Ρ	Ο	Α	Ψ	Ξ	Ι	Σ	Ρ
Η	Γ	Ά	Λ	Α	Ο	Κ	Ρ	Ε	Μ	Μ	Ύ	Δ	Ι

ΒΑΣΙΛΙΚΟΎ	ΧΥΜΌΣ
ΑΧΛΆΔΙ	ΣΑΛΆΤΑ
ΦΡΆΟΥΛΑ	ΑΛΆΤΙ
ΦΙΣΤΊΚΙ	ΣΠΑΝΆΚΙ
ΚΡΈΑΣ	ΣΟΎΠΑ
ΚΑΦΈ	ΤΌΝΟΣ
ΚΑΡΌΤΟ	ΚΑΝΈΛΑ
ΣΚΌΡΔΟ	ΛΕΜΌΝΙ
ΓΆΛΑ	ΖΆΧΑΡΗ
ΓΟΓΓΎΛΙ	ΚΡΕΜΜΎΔΙ

43 - Gebäude

```
Σ  Δ  Ξ  Β  Μ  Λ  Η  Ν  Λ  Π  Ν  Α  Α  Π
Π  Χ  Π  Ρ  Ε  Σ  Β  Ε  Ί  Α  Ο  Χ  Π  Ύ
Ί  Μ  Ο  Υ  Σ  Ε  Ί  Ο  Ξ  Ρ  Σ  Υ  Α  Ρ
Τ  Έ  Ι  Λ  Γ  Ι  Δ  Σ  Ε  Α  Ο  Ρ  Ν  Γ
Ι  Ι  Π  Δ  Ε  Ρ  Μ  Κ  Ν  Τ  Κ  Ώ  Ε  Ο
Ρ  Η  Σ  Τ  Ξ  Ί  Γ  Η  Ώ  Η  Ο  Ν  Π  Σ
Γ  Ί  Σ  Χ  Η  Ι  Ο  Ν  Ν  Ρ  Μ  Α  Ι  Χ
Κ  Α  Μ  Π  Ί  Ν  Α  Ή  Α  Η  Ε  Α  Σ  Β
Α  Θ  Η  Α  Ε  Ω  Ν  Π  Σ  Τ  Ί  Λ  Τ  Ι
Ρ  Δ  Έ  Σ  Τ  Ά  Δ  Ι  Ο  Ή  Ο  Ψ  Ή  Σ
Ά  Ο  Γ  Α  Ν  Λ  Γ  Ν  Υ  Ρ  Έ  Μ  Μ  Ο
Ζ  Η  Έ  Ψ  Τ  Χ  Λ  Σ  Α  Ι  Υ  Χ  Ι  Υ
Σ  Τ  Λ  Μ  Ά  Ρ  Κ  Ε  Τ  Ο  Δ  Λ  Ο  Ψ
Ν  Β  Χ  Ξ  Ε  Ν  Ο  Δ  Ο  Χ  Ε  Ί  Ο  Ν
```

ΠΡΕΣΒΕΊΑ	ΑΧΥΡΏΝΑ
ΓΚΑΡΆΖ	ΣΧΟΛΕΊΟ
ΣΠΊΤΙ	ΣΤΆΔΙΟ
ΞΕΝΏΝΑΣ	ΜΆΡΚΕΤ
ΞΕΝΟΔΟΧΕΊΟ	ΘΈΑΤΡΟ
ΚΑΜΠΊΝΑ	ΠΎΡΓΟΣ
ΝΟΣΟΚΟΜΕΊΟ	ΠΑΝΕΠΙΣΤΉΜΙΟ
ΜΟΥΣΕΊΟ	ΣΚΗΝΉ
ΠΑΡΑΤΗΡΗΤΉΡΙΟ	

44 - Angeln

Γ	Κ	Έ	Β	Π	Τ	Ε	Ρ	Ύ	Γ	Ι	Α	Ξ	Σ
Π	Α	Ρ	Α	Λ	Ί	Α	Τ	Η	Η	Ν	Ω	Λ	Δ
Γ	Λ	Ι	Η	Ί	Δ	Τ	Ν	Ί	Μ	Ψ	Δ	Δ	Έ
Ν	Ά	Ε	Δ	Μ	Ψ	Σ	Γ	Δ	Λ	Α	Υ	Υ	Χ
Ε	Θ	Μ	Χ	Ν	Ν	Ω	Έ	Ό	Μ	Σ	Π	Σ	Γ
Ρ	Ι	Ρ	Δ	Η	Μ	Σ	Ν	Λ	Μ	Σ	Ε	Ί	Ξ
Ό	Ά	Γ	Ζ	Υ	Γ	Ί	Ζ	Ω	Σ	Ύ	Ρ	Μ	Α
Ω	Γ	Ξ	Έ	Π	Α	Γ	Β	Μ	Έ	Ί	Β	Π	Α
Ν	Κ	Ρ	Υ	Ο	Β	Λ	Ρ	Α	Α	Μ	Ο	Α	Ο
Έ	Ι	Ε	Ρ	Μ	Μ	Β	Ά	Ρ	Κ	Α	Λ	Ρ	Β
Σ	Σ	Η	Α	Ο	Σ	Α	Γ	Ό	Ν	Ι	Ή	Ξ	Ω
Γ	Τ	Π	Ο	Ν	Ν	Δ	Χ	Υ	Ω	Χ	Έ	Υ	Η
Τ	Ρ	Β	Η	Ή	Ό	Ν	Ι	Ε	Π	Ο	Χ	Ή	Η
Π	Ο	Τ	Α	Μ	Ό	Σ	Α	Ί	Ρ	Ί	Ε	Σ	Η

ΒΆΡΚΑ
ΣΎΡΜΑ
ΠΤΕΡΎΓΙΑ
ΠΟΤΑΜΌΣ
ΥΠΟΜΟΝΉ
ΖΥΓΊΖΩ
ΆΓΚΙΣΤΡΟ
ΕΠΟΧΉ
ΣΑΓΌΝΙ

ΒΡΆΓΧΙΑ
ΚΑΛΆΘΙ
ΔΌΛΩΜΑ
ΩΚΕΑΝΌΣ
ΛΊΜΝΗ
ΠΑΡΑΛΊΑ
ΥΠΕΡΒΟΛΉ
ΝΕΡΌ

45 - Regenwald

```
Z  Υ  Β  Ω  Σ  Β  Α  Μ  Φ  Ί  Β  Ι  Α  Ο
Ο  Π  Ο  Σ  Ύ  Ν  Ν  Ε  Φ  Α  Β  Μ  Η  Ι
Ύ  Ο  Τ  Κ  Α  Τ  Α  Φ  Ύ  Γ  Ι  Ο  Ο  Έ
Γ  Λ  Α  Έ  Β  Λ  Ε  Σ  Έ  Β  Ο  Μ  Α  Ι
Κ  Ύ  Ν  Ο  Ν  Π  Ί  Ν  Ί  Ο  Ρ  Ψ  Β  Χ
Λ  Τ  Ι  Π  Β  Τ  Δ  Δ  Ε  Η  Δ  Ύ  Μ  Κ
Α  Ι  Κ  Έ  Ο  Π  Ο  Ι  Κ  Ι  Λ  Ί  Α  Λ
Ψ  Μ  Ή  Λ  Ε  Υ  Σ  Μ  Ο  Α  Υ  Β  Ξ  Ί
Ι  Α  Ι  Η  Τ  Μ  Λ  Σ  Α  Ω  Έ  Ε  Ρ  Μ
Α  Υ  Α  Γ  Ω  Α  Φ  Ι  Ε  Υ  Γ  Η  Ξ  Α
Χ  Μ  Β  Τ  Ε  Ε  Ύ  Π  Ά  Ρ  Η  Ν  Ρ  Ρ
Ε  Π  Ι  Β  Ί  Ω  Σ  Η  Ν  Α  Π  Μ  Ε  Η
Κ  Ο  Ι  Ν  Ό  Τ  Η  Τ  Α  Ε  Β  Τ  Δ  Τ
Θ  Η  Λ  Α  Σ  Τ  Ι  Κ  Ά  Ξ  Β  Ψ  Η  Ξ
```

ΑΜΦΊΒΙΑ	ΣΈΒΟΜΑΙ
ΕΊΔΟΣ	ΘΗΛΑΣΤΙΚΆ
ΒΟΤΑΝΙΚΉ	ΕΠΙΒΊΩΣΗ
ΖΟΎΓΚΛΑ	ΠΟΙΚΙΛΊΑ
ΚΟΙΝΌΤΗΤΑ	ΠΟΥΛΙΆ
ΈΝΤΟΜΑ	ΠΟΛΎΤΙΜΑ
ΚΛΊΜΑ	ΣΎΝΝΕΦΑ
ΒΡΎΑ	ΚΑΤΑΦΎΓΙΟ
ΦΎΣΗ	

46 - Essen #2

```
Ψ Ο Ί Μ Υ Σ Π Α Ρ Ά Γ Γ Ι Ζ
Α Ά Χ Χ Ψ Β Ε Γ Β Ο Ε Λ Ν Α
Ψ Μ Ρ Ι Δ Σ Ο Κ Ο Λ Ά Τ Α Μ
Ω Ε Ύ Ι Ξ Ξ Ί Ι Σ Έ Χ Ί Ω Π
Μ Λ Ζ Γ Μ Π Α Ν Ά Ν Α Ο Χ Ό
Ί Ι Ι Σ Δ Σ Ά Μ Ψ Ν Ε Έ Ν
Υ Τ Ι Ι Χ Α Έ Ρ Π Ή Ω Σ Δ Δ
Η Ζ Β Τ Δ Ο Λ Α Ρ Π Λ Ν Λ Ο
Π Ά Ψ Ά Έ Ο Ι Ο Ό Η Ε Ο Π Τ
Έ Ν Ω Ρ Ω Π Ν Τ Κ Ε Ρ Ά Σ Ι
Ω Α Ε Ι Δ Σ Ο Ω Ο Τ Α Ί Έ Η
Ν Τ Ο Μ Ά Τ Α Τ Λ Υ Υ Γ Σ Ω
Μ Α Ν Ι Τ Ά Ρ Ι Ο Ρ Γ Ξ Ί Α
Γ Ι Α Ο Ύ Ρ Τ Ι Α Ί Ό Η Ι Ι
```

ΜΉΛΟ	ΚΕΡΆΣΙ
ΑΓΚΙΝΆΡΑ	ΑΜΎΓΔΑΛΟ
ΜΕΛΙΤΖΆΝΑ	ΜΑΝΙΤΆΡΙ
ΜΠΑΝΆΝΑ	ΡΎΖΙ
ΜΠΡΌΚΟΛΟ	ΖΑΜΠΌΝ
ΨΩΜΊ	ΣΟΚΟΛΆΤΑ
ΑΥΓΌ	ΣΈΛΙΝΟ
ΨΆΡΙ	ΣΠΑΡΆΓΓΙ
ΓΙΑΟΎΡΤΙ	ΝΤΟΜΆΤΑ
ΤΥΡΊ	ΣΙΤΆΡΙ

47 - Familie

Χ	Ε	Α	Έ	Σ	Ο	Τ	Υ	Λ	Ο	Ω	Η	Ε	Υ
Μ	Γ	Ν	Θ	Ξ	Ύ	Σ	Α	Ι	Τ	Α	Ί	Χ	Π
Μ	Γ	Ι	Ε	Ε	Ι	Ζ	Α	Γ	Μ	Γ	Ω	Α	Σ
Έ	Ό	Ψ	Ί	Δ	Ί	Δ	Υ	Μ	Α	Η	Σ	Ν	Δ
Ί	Ν	Ι	Ο	Ι	Ί	Α	Ε	Γ	Ι	Α	Γ	Ι	Ά
Μ	Ι	Ά	Σ	Ι	Π	Α	Π	Π	Ο	Ύ	Σ	Ψ	Β
Ρ	Η	Π	Ρ	Ό	Γ	Ο	Ν	Ο	Σ	Σ	Ξ	Ι	Μ
Σ	Π	Τ	Λ	Λ	Π	Α	Τ	Ρ	Ι	Κ	Ή	Ό	Υ
Ξ	Α	Δ	Έ	Ρ	Φ	Η	Ν	Έ	Π	Ι	Ο	Σ	Χ
Κ	Τ	Ρ	Ί	Ρ	Ψ	Ί	Μ	Β	Α	Γ	Ί	Ν	Ν
Ό	Έ	Γ	Υ	Ν	Α	Ί	Κ	Α	Ι	Χ	Έ	Π	Ι
Ρ	Ρ	Ο	Ι	Η	Έ	Π	Υ	Α	Δ	Ε	Λ	Φ	Ή
Η	Α	Δ	Ε	Λ	Φ	Ο	Σ	Λ	Ί	Ε	Χ	Ψ	Δ
Σ	Σ	Μ	Η	Τ	Ρ	Ι	Κ	Ή	Ν	Η	Χ	Ξ	Ο

ΑΔΕΛΦΟΣ	ΑΝΙΨΙΆ
ΓΥΝΑΊΚΑ	ΘΕΊΟΣ
ΣΎΖΥΓΟΣ	ΑΔΕΛΦΉ
ΕΓΓΌΝΙ	ΘΕΊΑ
ΓΙΑΓΙΆ	ΚΌΡΗ
ΠΑΠΠΟΎΣ	ΠΑΤΈΡΑΣ
ΠΑΙΔΊ	ΠΑΤΡΙΚΉ
ΜΗΤΈΡΑ	ΞΑΔΈΡΦΗ
ΜΗΤΡΙΚΉ	ΠΡΌΓΟΝΟΣ
ΑΝΙΨΙΌΣ	ΔΊΔΥΜΑ

48 - Pflanzen

```
Ψ  Α  Ί  Ω  Φ  Δ  Λ  Η  Ρ  Ρ  Α  Χ  Ί  Κ
Κ  Ή  Π  Ο  Σ  Α  Α  Σ  Ρ  Ο  Δ  Λ  Γ  Ά
Τ  Δ  Έ  Ω  Έ  Λ  Σ  Σ  Π  Τ  Γ  Ω  Υ  Κ
Ψ  Ο  Τ  Β  Ο  Β  Μ  Ό  Ο  Ί  Ρ  Ρ  Μ  Τ
Χ  Β  Α  Ό  Σ  Ξ  Ο  Έ  Λ  Σ  Α  Ί  Π  Ο
Ο  Μ  Λ  Τ  Ι  Χ  Ύ  Τ  Γ  Ι  Σ  Δ  Α  Σ
Β  Γ  Ο  Α  Ε  Μ  Ρ  Ω  Α  Χ  Ί  Α  Μ  Ν
Έ  Ν  Ψ  Ν  Ε  Α  Ο  Ί  Ε  Ν  Δ  Υ  Π  Φ
Π  Γ  Λ  Ο  Υ  Λ  Ο  Ύ  Δ  Ι  Ι  Σ  Ο  Ύ
Κ  Ι  Σ  Σ  Ό  Σ  Β  Ρ  Ύ  Α  Β  Κ  Ύ  Λ
Β  Λ  Ά  Σ  Τ  Η  Σ  Η  Ρ  Ί  Ζ  Α  Ή  Λ
Δ  Έ  Ν  Τ  Ρ  Ο  Φ  Ύ  Λ  Λ  Ω  Μ  Α  Ο
Λ  Ί  Π  Α  Σ  Μ  Α  Ι  Ω  Π  Ι  Ε  Π  Ε
Ξ  Ψ  Μ  Γ  Ι  Ί  Έ  Ψ  Ν  Γ  Ι  Ε  Π  Ε
```

ΜΠΑΜΠΟΎ	ΧΛΩΡΊΔΑ
ΔΈΝΤΡΟ	ΚΉΠΟΣ
ΜΟΎΡΟ	ΓΡΑΣΊΔΙ
ΦΎΛΛΟ	ΚΆΚΤΟΣ
ΛΟΥΛΟΎΔΙ	ΒΌΤΑΝΟ
ΠΈΤΑΛΟ	ΦΎΛΛΩΜΑ
ΦΑΣΌΛΙ	ΒΡΎΑ
ΒΟΤΑΝΙΚΉ	ΒΛΆΣΤΗΣΗ
ΛΊΠΑΣΜΑ	ΔΆΣΟΣ
ΚΙΣΣΌΣ	ΡΊΖΑ

49 - Kunst

```
Ε  Ζ  Ω  Γ  Ρ  Α  Φ  Ι  Κ  Ή  Β  Ο  Σ  Γ
Ο  Μ  Σ  Ύ  Μ  Β  Ο  Λ  Ο  Έ  Ψ  Δ  Ο  Δ
Π  Σ  Π  Ρ  Ο  Σ  Ω  Π  Ι  Κ  Ό  Ι  Υ  Δ
Τ  Λ  Γ  Ν  Η  Ξ  Έ  Π  Ν  Φ  Σ  Υ  Ρ  Η
Ι  Υ  Λ  Έ  Ε  Μ  Δ  Λ  Λ  Ρ  Σ  Δ  Ε  Μ
Κ  Α  Υ  Μ  Ι  Υ  Ψ  Ψ  Ι  Α  Ύ  Ι  Α  Ι
Ή  Ρ  Π  Ο  Ί  Η  Σ  Η  Β  Σ  Ν  Ά  Λ  Ο
Σ  Χ  Τ  Σ  Ο  Ψ  Γ  Μ  Έ  Η  Θ  Θ  Ι  Υ
Έ  Ι  Ι  Α  Ύ  Ρ  Υ  Α  Έ  Ν  Ε  Ε  Σ  Ρ
Ο  Κ  Κ  Ι  Π  Ν  Ε  Π  Έ  Ν  Σ  Σ  Μ  Γ
Υ  Ή  Ή  Έ  Γ  Λ  Θ  Έ  Μ  Α  Η  Η  Ό  Ώ
Α  Έ  Μ  Σ  Υ  Χ  Ό  Ε  Ι  Η  Γ  Χ  Σ  Η
Τ  Ω  Η  Ψ  Β  Β  Ι  Σ  Τ  Ε  Γ  Δ  Ε  Μ
Κ  Ε  Ρ  Α  Μ  Ι  Κ  Ή  Μ  Η  Ί  Μ  Τ  Ρ
```

ΈΚΦΡΑΣΗ
ΑΠΛΌΣ
ΘΈΜΑ
ΖΩΓΡΑΦΙΚΉ
ΕΜΠΝΕΥΣΜΈΝΗ
ΚΕΡΑΜΙΚΉ
ΣΎΝΘΕΤΗ
ΑΡΧΙΚΉ
ΠΡΟΣΩΠΙΚΌ

ΠΟΊΗΣΗ
ΔΗΜΙΟΥΡΓΏ
ΓΛΥΠΤΙΚΉ
ΔΙΆΘΕΣΗ
ΣΟΥΡΕΑΛΙΣΜΌΣ
ΣΎΜΒΟΛΟ
ΟΠΤΙΚΉ
ΣΎΝΘΕΣΗ

50 - Gewürze

```
Κ  Α  Ν  Έ  Λ  Α  Σ  Έ  Α  Έ  Η  Δ  Ί  Έ
Κ  Ρ  Ε  Μ  Μ  Ύ  Δ  Ι  Γ  Λ  Υ  Κ  Ό  Ξ
Γ  Α  Ρ  Ύ  Φ  Α  Λ  Λ  Ο  Π  Ά  Ω  Β  Κ
Ν  Β  Γ  Ε  Ύ  Σ  Η  Π  Ν  Ά  Γ  Τ  Ξ  Ά
Ξ  Α  Ν  Μ  Υ  Ψ  Π  Χ  Ο  Π  Χ  Κ  Ι  Ρ
Ι  Ν  Τ  Ζ  Ί  Ν  Τ  Ζ  Ε  Ρ  Ω  Ρ  Μ  Δ
Ν  Ί  Π  Γ  Λ  Υ  Κ  Ά  Ν  Ι  Σ  Ο  Ά  Α
Ή  Λ  Ί  Ι  Δ  Β  Γ  Π  Β  Κ  Ω  Κ  Ρ  Μ
Μ  Ι  Ξ  Τ  Π  Ξ  Ε  Έ  Ν  Α  Μ  Ο  Α  Ο
Η  Α  Ί  Ρ  Α  Έ  Λ  Ρ  Δ  Έ  Ν  Σ  Θ  Μ
Υ  Η  Ε  Π  Ι  Κ  Ρ  Ή  Ο  Έ  Έ  Β  Ο  Σ
Λ  Β  Δ  Σ  Π  Β  Ά  Ι  Π  Ο  Α  Γ  Η  Β
Μ  Ο  Σ  Χ  Ο  Κ  Ά  Ρ  Υ  Δ  Ο  Ν  Ο  Ξ
Σ  Κ  Ό  Ρ  Δ  Ο  Ν  Γ  Υ  Χ  Β  Γ  Υ  Λ
```

ΓΛΥΚΆΝΙΣΟ	ΠΆΠΡΙΚΑ
ΠΙΚΡΉ	ΠΙΠΈΡΙ
ΚΆΡΥ	ΚΡΟΚΟΣ
ΜΆΡΑΘΟ	ΑΛΆΤΙ
ΓΕΎΣΗ	ΞΙΝΉ
ΤΖΊΝΤΖΕΡ	ΓΛΥΚΌ
ΚΆΡΔΑΜΟ	ΒΑΝΊΛΙΑ
ΣΚΌΡΔΟ	ΚΑΝΈΛΑ
ΜΟΣΧΟΚΆΡΥΔΟ	ΚΡΕΜΜΎΔΙ
ΓΑΡΎΦΑΛΛΟ	

51 - Gemüse

```
Κ  Μ  Ί  Ω  Χ  Σ  Σ  Κ  Ό  Ρ  Δ  Ο  Μ  Η
Ο  Π  Π  Τ  Ζ  Ί  Ν  Τ  Ζ  Ε  Ρ  Λ  Α  Β
Υ  Ι  Π  Ρ  Γ  Ο  Γ  Γ  Ύ  Λ  Ι  Δ  Ϊ  Κ
Ν  Ζ  Ρ  Ν  Ό  Σ  Ρ  Ω  Α  Ε  Δ  Ρ  Ν  Ο
Ο  Έ  Ο  Β  Ο  Κ  Η  Λ  Χ  Π  Σ  Ν  Τ  Λ
Υ  Λ  Β  Μ  Π  Δ  Ο  Ε  Ν  Σ  Α  Τ  Α  Ο
Π  Ι  Σ  Ε  Β  Α  Ω  Λ  Ο  Α  Γ  Ο  Ν  Κ
Ί  Σ  Έ  Λ  Ι  Ν  Ο  Ψ  Ο  Λ  Γ  Μ  Ό  Ύ
Δ  Ε  Ω  Ι  Σ  Β  Ε  Λ  Ι  Ά  Ο  Ά  Σ  Θ
Ι  Λ  Ν  Τ  Ρ  Τ  Ψ  Έ  Ρ  Τ  Ύ  Τ  Ν  Α
Χ  Α  Υ  Ζ  Ξ  Ξ  Μ  Γ  Ρ  Α  Ρ  Α  Ω  Υ
Ρ  Ι  Τ  Ά  Π  Α  Τ  Ά  Τ  Α  Ι  Μ  Γ  Ο
Σ  Π  Α  Ν  Ά  Κ  Ι  Κ  Α  Ρ  Ό  Τ  Ο  Ι
Ο  Ξ  Ω  Α  Α  Γ  Κ  Ι  Ν  Ά  Ρ  Α  Ε  Υ
```

ΑΓΚΙΝΆΡΑ	ΣΚΌΡΔΟ
ΜΕΛΙΤΖΆΝΑ	ΚΟΛΟΚΎΘΑ
ΚΟΥΝΟΥΠΊΔΙ	ΕΛΙΆ
ΜΠΡΌΚΟΛΟ	ΜΑΪΝΤΑΝΌΣ
ΜΠΙΖΈΛΙ	ΓΟΓΓΎΛΙ
ΑΓΓΟΎΡΙ	ΣΑΛΆΤΑ
ΤΖΊΝΤΖΕΡ	ΣΈΛΙΝΟ
ΚΑΡΌΤΟ	ΣΠΑΝΆΚΙ
ΠΑΤΆΤΑ	ΝΤΟΜΆΤΑ

52 - Katzen

```
Ν  Ψ  Δ  Δ  Ι  Π  Π  Ο  Ν  Τ  Ί  Κ  Ι  Π
Α  Ν  Ε  Ξ  Ά  Ρ  Τ  Η  Τ  Η  Υ  Έ  Ω  Ε
Ε  Π  Ύ  Λ  Β  Ο  Υ  Ρ  Ά  Π  Μ  Τ  Β  Ρ
Υ  Λ  Χ  Χ  Ρ  Σ  Ά  Γ  Ρ  Ι  Ο  Τ  Χ  Ί
Ν  Ν  Β  Ί  Ι  Ω  Τ  Έ  Α  Χ  Τ  Ι  Τ  Ε
Ι  Χ  Π  Ί  Ι  Π  Ξ  Ψ  Υ  Σ  Α  Ψ  Λ  Ρ
Π  Α  Ι  Χ  Ν  Ι  Δ  Ι  Ά  Ρ  Ι  Κ  Ο  Γ
Γ  Ο  Η  Ο  Ω  Κ  Ο  Ι  Μ  Ά  Μ  Α  Ι  Ο
Ο  Τ  Ρ  Ε  Λ  Ό  Χ  Υ  Ω  Ν  Ρ  Τ  Ψ  Σ
Ύ  Ι  Ο  Ν  Β  Τ  Π  Α  Σ  Τ  Ε  Ί  Ο  Β
Ν  Ω  Κ  Υ  Ν  Η  Γ  Ό  Σ  Έ  Λ  Τ  Ο  Μ
Α  Ή  Α  Ί  Υ  Τ  Έ  Ε  Δ  Ω  Ξ  Ι  Δ  Β
Ί  Ε  Μ  Ω  Γ  Α  Ο  Λ  Ν  Ι  Λ  Τ  Λ  Α
Ρ  Λ  Α  Α  Ν  Τ  Ρ  Ο  Π  Α  Λ  Ό  Σ  Α
```

ΓΟΎΝΑ	ΠΌΔΙ
ΝΉΜΑ	ΚΟΙΜΆΜΑΙ
ΚΥΝΗΓΌΣ	ΝΤΡΟΠΑΛΌΣ
ΑΣΤΕΊΟ	ΟΥΡΆ
ΝΎΧΙ	ΑΝΕΞΆΡΤΗΤΗ
ΠΟΝΤΊΚΙ	ΤΡΕΛΌ,
ΠΕΡΊΕΡΓΟΣ	ΠΑΙΧΝΙΔΙΆΡΙΚΟ
ΠΡΟΣΩΠΙΚΌΤΗΤΑ	ΆΓΡΙΟ

53 - Tanzen

```
Χ  Ο  Ρ  Ο  Γ  Ρ  Α  Φ  Ί  Α  Η  Υ  Α  Π
Ε  Α  Κ  Α  Δ  Η  Μ  Ί  Α  Λ  Λ  Σ  Μ  Α
Κ  Π  Ρ  Ό  Β  Α  Η  Γ  Π  Σ  Η  Ν  Τ  Ρ
Φ  Κ  Π  Ο  Λ  Ι  Τ  Ι  Σ  Τ  Ι  Κ  Ή  Τ
Ρ  Υ  Ί  Ι  Ύ  Χ  Ω  Σ  Ώ  Ά  Ο  Ο  Π  Ε
Α  Ρ  Α  Ν  Ω  Μ  Χ  Ί  Μ  Σ  Π  Γ  Ο  Ν
Σ  Π  Υ  Ρ  Η  Δ  Ε  Ω  Α  Η  Τ  Ψ  Λ  Έ
Τ  Τ  Μ  Θ  Δ  Σ  Υ  Ν  Έ  Σ  Ι  Χ  Ι  Ρ
Ι  Ε  Ο  Υ  Μ  Λ  Η  Ω  Ο  Σ  Κ  Ά  Τ  Ι
Κ  Χ  Υ  Έ  Ξ  Ο  Λ  Λ  Ί  Σ  Ή  Ρ  Ι  Υ
Ή  Σ  Σ  Η  Π  Η  Ύ  Τ  Έ  Χ  Ν  Η  Σ  Α
Τ  Ι  Ι  Σ  Υ  Γ  Κ  Ί  Ν  Η  Σ  Η  Μ  Ο
Ρ  Χ  Κ  Κ  Λ  Α  Σ  Ι  Κ  Ή  Ε  Υ  Ό  Σ
Μ  Γ  Ή  Ι  Π  Γ  Β  Ρ  Ι  Γ  Υ  Δ  Σ  Δ
```

ΑΚΑΔΗΜΊΑ
ΧΆΡΗ
ΕΚΦΡΑΣΤΙΚΉ
ΚΊΝΗΣΗ
ΧΟΡΟΓΡΑΦΊΑ
ΣΥΓΚΊΝΗΣΗ
ΧΑΡΟΎΜΕΝΟ
ΣΤΆΣΗ
ΚΛΑΣΙΚΉ

ΣΏΜΑ
ΠΟΛΙΤΙΣΜΌΣ
ΠΟΛΙΤΙΣΤΙΚΉ
ΤΈΧΝΗ
ΜΟΥΣΙΚΉ
ΠΑΡΤΕΝΈΡ
ΠΡΌΒΑ
ΡΥΘΜΟΎ
ΟΠΤΙΚΉ

54 - Ernährung

```
Π  Θ  Δ  Π  Β  Η  Σ  Χ  Ω  Ο  Γ  Π  Σ  Ι
Ι  Ε  Ι  Ψ  Ρ  Ψ  Ά  Ρ  Ί  Η  Υ  Δ  Ρ  Σ
Κ  Ρ  Α  Ρ  Ε  Ω  Λ  Μ  Ρ  Λ  Μ  Ι  Ι  Ο
Ρ  Μ  Τ  Ο  Ε  Δ  Τ  Μ  Ή  Μ  Α  Γ  Ω  Ρ
Ή  Ι  Ρ  Τ  Ψ  Ψ  Σ  Ε  Ν  Ν  Χ  Ζ  Β  Ρ
Μ  Δ  Ο  Τ  Σ  Β  Α  Α  Ϊ  Η  Ψ  Ύ  Ρ  Ο
Γ  Ε  Φ  Ζ  Υ  Γ  Ί  Ζ  Ω  Ν  Π  Μ  Ώ  Π
Ε  Σ  Ή  Τ  Ε  Γ  Π  Ι  Λ  Υ  Ε  Ω  Σ  Η
Ύ  Σ  Τ  Ψ  Η  Ε  Ε  Τ  Η  Ξ  Μ  Σ  Ι  Μ
Σ  Μ  Α  Γ  Τ  Ο  Ξ  Ί  Ν  Η  Π  Η  Μ  Έ
Η  Δ  Η  Μ  Η  Τ  Ρ  Ι  Α  Κ  Ά  Έ  Α  Ν
Ό  Ρ  Ε  Ξ  Η  Υ  Γ  Ι  Ή  Ξ  Σ  Β  Ψ  Η
Δ  Ι  Ι  Υ  Θ  Ρ  Ε  Π  Τ  Ι  Κ  Ή  Σ  Η
Χ  Λ  Π  Ο  Ι  Ό  Τ  Η  Τ  Α  Ξ  Ξ  Η  Έ
```

ΌΡΕΞΗ	ΖΥΓΊΖΩ
ΙΣΟΡΡΟΠΗΜΈΝΗ	ΘΕΡΜΙΔΕΣ
ΠΙΚΡΉ	ΘΡΕΠΤΙΚΉ
ΔΙΑΤΡΟΦΉ	ΤΜΉΜΑ
ΒΡΩΣΙΜΑ	ΠΡΩΤΕΪΝΕΣ
ΖΎΜΩΣΗ	ΠΟΙΌΤΗΤΑ
ΓΕΎΣΗ	ΣΆΛΤΣΑ
ΥΓΙΉ	ΤΟΞΊΝΗ
ΥΓΕΊΑ	ΠΈΨΗ
ΔΗΜΗΤΡΙΑΚΆ	

55 - Technologie

```
Ι  Σ  Τ  Ο  Λ  Ό  Γ  Ι  Ο  Α  Λ  Β  Ο  Ψ
Ι  Ό  Σ  Β  Ν  Χ  Π  Ψ  Π  Ρ  Ο  Α  Ο  Η
Δ  Γ  Σ  Β  Γ  Ε  Ε  Σ  Τ  Χ  Γ  Π  Δ  Φ
Δ  Α  Ρ  Ξ  Ε  Γ  Ρ  Ο  Ψ  Ε  Ι  Ξ  Τ  Ι
Α  Σ  Φ  Ά  Λ  Ε  Ι  Α  Η  Ί  Σ  Π  Υ  Ο
Δ  Ο  Η  Ν  Μ  Ρ  Ή  Μ  Φ  Ο  Μ  Ο  Π  Λ
Ε  Ι  Θ  Ω  Υ  Μ  Γ  Ή  Ι  Ε  Ι  Μ  Ο  Έ
Δ  Ν  Α  Ό  Μ  Ε  Η  Ν  Α  Ι  Κ  Έ  Λ  Ξ
Ο  Ρ  Ω  Δ  Ν  Σ  Σ  Υ  Κ  Κ  Ό  Ρ  Ο  Ε
Μ  Ρ  Ο  Λ  Ί  Η  Η  Μ  Ή  Ο  Α  Ε  Γ  Ι
Έ  Δ  Ε  Μ  Α  Κ  Σ  Α  Β  Ν  Ω  Υ  Ι  Σ
Ν  Έ  Γ  Ρ  Ε  Χ  Τ  Ε  Χ  Ι  Δ  Ν  Σ  Ξ
Α  Δ  Έ  Σ  Ί  Α  Μ  Υ  Β  Κ  Σ  Α  Τ  Ρ
Ω  Γ  Ί  Έ  Έ  Ω  Σ  Ί  Ο  Ή  Ε  Α  Ή  Ξ
```

ΟΘΌΝΗ	ΨΗΦΙΑΚΉ
ΙΣΤΟΛΌΓΙΟ	ΈΡΕΥΝΑ
ΠΕΡΊΉΓΗΣΗΣ	ΔΙΑΔΊΚΤΥΟ
ΨΗΦΙΟΛΈΞΕΙΣ	ΜΉΝΥΜΑ
ΥΠΟΛΟΓΙΣΤΉ	ΑΣΦΆΛΕΙΑ
ΔΡΟΜΕΑΣ	ΛΟΓΙΣΜΙΚΌ
ΑΡΧΕΊΟ	ΕΙΚΟΝΙΚΉ
ΔΕΔΟΜΈΝΑ	ΪΟΣ

56 - Wasser

Α	Η	Β	Τ	Ε	Π	Ά	Γ	Ο	Σ	Ί	Ε	Χ	Α
Σ	Γ	Ρ	Μ	Ν	Ξ	Κ	Α	Ν	Ά	Λ	Ι	Ω	Τ
Ι	Δ	Ο	Ν	Λ	Δ	Ά	Π	Ί	Π	Ί	Ρ	Μ	Α
Υ	Π	Χ	Σ	Τ	Η	Ψ	Τ	Ρ	Ό	Δ	Ο	Ξ	Ν
Ρ	Γ	Ή	Σ	Α	Ο	Ψ	Λ	Μ	Σ	Β	Α	Α	Η
Α	Τ	Μ	Ο	Ύ	Ε	Υ	Λ	Ί	Ι	Λ	Α	Ψ	Χ
Ά	Ρ	Δ	Ε	Υ	Σ	Η	Σ	Τ	Μ	Σ	Τ	Ι	Κ
Ψ	Η	Π	Α	Γ	Ψ	Α	Π	Μ	Ο	Ν	Η	Μ	Ύ
Χ	Ι	Ο	Υ	Ρ	Ι	Κ	Α	Ν	Α	Σ	Η	Ν	Μ
Ι	Π	Α	Γ	Α	Ν	Π	Λ	Η	Μ	Μ	Ύ	Ρ	Α
Ό	Ί	Γ	Ρ	Σ	Μ	Ο	Υ	Σ	Ώ	Ν	Α	Σ	Τ
Ν	Ε	Σ	Ό	Ί	Π	Ο	Τ	Α	Μ	Ό	Σ	Έ	Α
Ι	Έ	Ψ	Π	Α	Γ	Ω	Ν	Ι	Ά	Ι	Υ	Ο	Ο
Ω	Κ	Ε	Α	Ν	Ό	Σ	Έ	Υ	Η	Ξ	Η	Ν	Β

ΆΡΔΕΥΣΗ   ΚΑΝΆΛΙ
ΑΤΜΟΎ   ΜΟΥΣΏΝΑΣ
ΝΤΟΥΣ   ΩΚΕΑΝΌΣ
ΠΆΓΟΣ   ΒΡΟΧΉ
ΥΓΡΌ   ΧΙΌΝΙ
ΥΓΡΑΣΊΑ   ΛΊΜΝΗ
ΠΟΤΑΜΌΣ   ΠΌΣΙΜΟ
ΠΛΗΜΜΎΡΑ   ΕΞΆΤΜΙΣΗ
ΠΑΓΩΝΙΆ   ΚΎΜΑΤΑ
ΧΙΟΥΡΙΚΑΝΑΣ

57 - Science Fiction

```
Χ Φ Ο Υ Τ Ο Υ Ρ Ι Σ Τ Ι Κ Ό
Ν Ξ Σ Ε Β Ί Γ Μ Ξ Γ Φ Φ Μ Σ
Ρ Ε Α Λ Ι Σ Τ Ι Κ Ή Α Ω Υ Ε
Μ Α Ί Ε Ί Ω Σ Ρ Γ Η Ν Τ Σ Ν
Ν Α Ρ Ο Μ Π Ό Τ Α Έ Τ Ι Τ Ά
Ω Σ Ν Υ Έ Β Ψ Ρ Λ Δ Α Ά Η Ρ
Δ Υ Σ Τ Ο Π Ί Α Α Μ Σ Κ Ρ Ι
Ω Ρ Ί Ο Ε Ψ Η Ξ Ξ Α Τ Ρ Ι Ο
Σ Ω Ο Π Ι Ί Ι Ε Ί Κ Ι Ο Ώ Έ
Ι Γ Ρ Ί Τ Δ Ο Σ Α Ρ Κ Κ Δ Κ
Χ Π Λ Α Ν Ή Τ Η Σ Ι Ό Ό Η Ρ
Χ Η Μ Ι Κ Ή Π Ρ Η Ν Ρ Σ Σ Η
Β Ι Β Λ Ι Α Α Τ Ψ Ό Ν Μ Ί Ξ
Τ Ε Χ Ν Ο Λ Ο Γ Ί Α Ι Ο Α Η
```

BΙΒΛΙΑ
ΧΗΜΙΚΉ
ΔΥΣΤΟΠΊΑ
ΈΚΡΗΞΗ
ΆΚΡΟ
ΜΑΚΡΙΝΌ
ΦΩΤΙΆ
ΦΟΥΤΟΥΡΙΣΤΙΚΌ
ΓΑΛΑΞΊΑΣ
ΜΥΣΤΗΡΙΏΔΗΣ

ΦΑΝΤΑΣΤΙΚΌ
ΜΑΝΤΕΊΟ
ΠΛΑΝΉΤΗΣ
ΡΕΑΛΙΣΤΙΚΉ
ΡΟΜΠΌΤ
ΣΕΝΆΡΙΟ
ΤΕΧΝΟΛΟΓΊΑ
ΟΥΤΟΠΊΑ
ΚΌΣΜΟ

58 - Haustiere

```
Κ  Π  Χ  Π  Ο  Κ  Ο  Υ  Τ  Ά  Β  Ι  Ω  Ψ
Τ  Ο  Ω  Τ  Λ  Υ  Ψ  Ξ  Ε  Ί  Ψ  Ε  Μ  Η
Η  Ν  Β  Ξ  Η  Ι  Ρ  Έ  Λ  Ε  Λ  Υ  Λ  Ψ
Ν  Τ  Έ  Ω  Σ  Β  Χ  Ά  Μ  Σ  Τ  Ε  Ρ  Ν
Ί  Ί  Ε  Ν  Μ  Δ  Υ  Ρ  Β  Κ  Ο  Δ  Γ  Δ
Α  Κ  Χ  Λ  Ύ  Σ  Ψ  Ρ  Κ  Ο  Λ  Ά  Ρ  Ο
Τ  Ι  Ε  Έ  Η  Χ  Γ  Ρ  Ο  Υ  Δ  Σ  Ψ  Ε
Ρ  Έ  Λ  Σ  Γ  Ε  Ι  Τ  Λ  Ν  Ε  Ρ  Ό  Η
Ο  Π  Ώ  Σ  Ξ  Α  Ο  Α  Π  Έ  Α  Σ  Ν  Γ
Σ  Β  Ν  Κ  Τ  Σ  Τ  Ω  Ι  Λ  Τ  Έ  Έ  Δ
Μ  Σ  Α  Ύ  Ρ  Α  Ψ  Ά  Ρ  Ι  Α  Ί  Δ  Γ
Π  Λ  Β  Λ  Ο  Υ  Ρ  Ί  Κ  Γ  Ά  Τ  Α  Ε
Η  Ψ  Υ  Ο  Φ  Τ  Χ  Β  Π  Ι  Ψ  Υ  Ρ  Ρ
Ι  Υ  Ο  Σ  Ή  Α  Γ  Ε  Λ  Ά  Δ  Α  Λ  Ν
```

ΣΑΎΡΑ	ΝΎΧΙΑ
ΤΡΟΦΉ	ΑΓΕΛΆΔΑ
ΨΆΡΙ	ΛΟΥΡΊ
ΧΆΜΣΤΕΡ	ΠΟΝΤΊΚΙ
ΚΟΥΝΈΛΙ	ΧΕΛΏΝΑ
ΣΚΎΛΟΣ	ΟΥΡΆ
ΓΆΤΑ	ΚΤΗΝΊΑΤΡΟΣ
ΓΑΤΆΚΙ	ΝΕΡΌ
ΚΟΛΆΡΟ	ΚΟΥΤΆΒΙ

59 - Geburtstag

Γ	Κ	Ρ	Ξ	Ο	Λ	Ε	Ω	Σ	Ε	Υ	Σ	Δ	Ψ
Ρ	Ι	Έ	Ε	Κ	Σ	Π	Υ	Ο	Τ	Ε	Δ	Γ	Η
Έ	Ω	Ο	Ι	Ί	Ά	Ώ	Σ	Φ	Ο	Ι	Ώ	Β	Μ
Υ	Ξ	Ο	Ρ	Κ	Ε	Ρ	Ί	Ί	Σ	Δ	Ρ	Τ	Ε
Τ	Υ	Λ	Έ	Τ	Ν	Α	Τ	Α	Ξ	Ι	Ο	Π	Ρ
Υ	Ξ	Τ	Η	Α	Ή	Δ	Ι	Ε	Ξ	Κ	Ι	Ρ	Ο
Χ	Α	Ρ	Ο	Ύ	Μ	Ε	Ν	Ο	Σ	Ή	Έ	Ό	Λ
Ι	Σ	Α	Ε	Ν	Έ	Ί	Δ	Υ	Π	Ω	Λ	Σ	Ό
Σ	Ο	Γ	Μ	Γ	Χ	Ι	Α	Λ	Ρ	Ί	Μ	Κ	Γ
Μ	Γ	Ο	Ψ	Έ	Δ	Ί	Β	Λ	Η	Φ	Έ	Λ	Ι
Έ	Υ	Ύ	Ο	Ρ	Τ	Τ	Α	Ξ	Μ	Ί	Ρ	Η	Ο
Ν	Γ	Δ	Ι	Μ	Λ	Λ	Υ	Έ	Έ	Λ	Α	Σ	Ω
Ο	Η	Ι	Ρ	Ν	Η	Ξ	Ω	Α	Τ	Ο	Η	Η	Υ
Δ	Ι	Α	Σ	Κ	Έ	Δ	Α	Σ	Η	Ι	Α	Μ	Ε

ΠΡΌΣΚΛΗΣΗ   ΚΕΡΊ
ΓΙΟΡΤΉ   ΚΈΙΚ
ΧΑΡΟΎΜΕΝΟ   ΤΡΑΓΟΎΔΙ
ΦΊΛΟΙ   ΔΙΑΣΚΈΔΑΣΗ
ΔΏΡΟ   ΕΙΔΙΚΉ
ΕΥΤΥΧΙΣΜΈΝΟ   ΜΈΡΑ
ΕΤΟΣ   ΣΟΦΊΑ
ΗΜΕΡΟΛΌΓΙΟ   ΏΡΑ
ΚΆΡΤΕΣ

60 - Literatur

```
Σ  Δ  Ι  Ά  Λ  Ο  Γ  Ο  Σ  Α  Μ  Π  Π  Χ
Β  Υ  Χ  Δ  Α  Τ  Έ  Λ  Λ  Ν  Γ  Ι  Ε  Τ
Ι  Σ  Μ  Ε  Τ  Α  Φ  Ο  Ρ  Ά  Δ  Α  Ρ  Ε
Ο  Υ  Υ  Π  Ο  Ί  Η  Μ  Α  Λ  Α  Χ  Ι  Μ
Γ  Γ  Θ  Ο  Έ  Υ  Τ  Η  Υ  Ν  Δ  Γ  Σ
Ρ  Γ  Ι  Ι  Ω  Ρ  Ρ  Δ  Β  Σ  Έ  Τ  Ρ  Τ
Α  Ρ  Σ  Η  Υ  Υ  Α  Ί  Σ  Η  Κ  Ε  Α  Υ
Φ  Α  Τ  Τ  Έ  Θ  Γ  Σ  Β  Β  Δ  Ί  Φ  Λ
Ί  Φ  Ό  Ι  Ο  Μ  Ω  Ρ  Μ  Ν  Ο  Δ  Ή  Ε
Α  Έ  Ρ  Κ  Μ  Ο  Δ  Η  Έ  Α  Τ  Ο  Ε  Σ
Σ  Α  Η  Ή  Ί  Υ  Ί  Έ  Γ  Α  Ο  Σ  Ί  Σ
Β  Σ  Μ  Ρ  Δ  Ι  Α  Γ  Λ  Θ  Έ  Μ  Α  Ω
Μ  Φ  Α  Ν  Τ  Α  Σ  Ί  Α  Ν  Χ  Α  Έ  Ι
Α  Ν  Α  Λ  Ο  Γ  Ί  Α  Ε  Χ  Δ  Ι  Ξ  Ί
```

ΑΝΑΛΟΓΊΑ
ΑΝΆΛΥΣΗ
ΑΝΈΚΔΟΤΟ
ΣΥΓΓΡΑΦΈΑΣ
ΠΕΡΙΓΡΑΦΉ
ΒΙΟΓΡΑΦΊΑ
ΔΙΆΛΟΓΟΣ
ΦΑΝΤΑΣΊΑ
ΠΟΊΗΜΑ

ΕΊΔΟΣ
ΜΕΤΑΦΟΡΆ
ΠΟΙΗΤΙΚΉ
ΡΥΘΜΟΎ
ΜΥΘΙΣΤΌΡΗΜΑ
ΣΥΜΠΈΡΑΣΜΑ
ΣΤΥΛ
ΘΈΜΑ
ΤΡΑΓΩΔΊΑ

61 - Wandern

Ν	Γ	Υ	Χ	Ω	Β	Κ	Β	Α	Ρ	Ι	Ά	Ε	Δ
Ν	Χ	Η	Ν	Ε	Ρ	Ό	Λ	Ο	Υ	Μ	Ω	Ω	Η
Ε	Χ	Β	Ξ	Έ	Ά	Π	Χ	Ί	Υ	Γ	Η	Κ	Λ
Χ	Ά	Ρ	Τ	Η	Χ	Α	Ι	Ε	Μ	Ν	Ι	Ο	Μ
Έ	Ν	Ω	Μ	Κ	Ο	Ρ	Υ	Φ	Ή	Α	Ό	Υ	Μ
Λ	Β	Π	Έ	Τ	Ρ	Α	Ι	Ρ	Λ	Τ	Χ	Ρ	Μ
Ο	Δ	Η	Γ	Ο	Ί	Σ	Λ	Μ	Ι	Ζ	Ώ	Α	Η
Ά	Γ	Ρ	Ι	Ο	Ι	Κ	Φ	Έ	Ο	Ε	Π	Σ	Έ
Η	Λ	Μ	Π	Ό	Τ	Ε	Σ	Ύ	Σ	Ψ	Λ	Μ	Γ
Γ	Ψ	Ξ	Ά	Η	Λ	Υ	Μ	Ν	Σ	Τ	Ί	Έ	Β
Τ	Η	Γ	Ρ	Δ	Ρ	Ή	Ν	Ω	Ν	Η	Ν	Ν	Λ
Ο	Ξ	Ι	Κ	Κ	Ά	Μ	Π	Ι	Ν	Γ	Κ	Ο	Τ
Ω	Δ	Ψ	Α	Κ	Α	Ι	Ρ	Ό	Σ	Σ	Ν	Σ	Ρ
Ω	Ί	Α	Λ	Λ	Α	Ο	Δ	Σ	Έ	Τ	Α	Τ	Ψ

ΒΟΥΝΌ   ΒΑΡΙΆ
ΚΆΜΠΙΝΓΚ   ΉΛΙΟΣ
ΟΔΗΓΟΊ   ΠΈΤΡΑ
ΚΟΡΥΦΉ   ΜΠΌΤΕΣ
ΧΆΡΤΗ   ΖΏΑ
ΚΛΊΜΑ   ΠΑΡΑΣΚΕΥΉ
ΒΡΆΧΟ   ΝΕΡΌ
ΚΟΥΡΑΣΜΈΝΟΣ   ΚΑΙΡΌΣ
ΦΎΣΗ   ΆΓΡΙΟ
ΠΆΡΚΑ

62 - Länder #2

```
Ρ  Μ  Έ  Ο  Υ  Γ  Κ  Ά  Ν  Τ  Α  Ι  Ι  Ί
Τ  Ω  Η  Υ  Ι  Ί  Χ  Ε  Ι  Ζ  Ι  Ω  Ρ  Ξ
Ε  Π  Ν  Ε  Π  Ά  Λ  Ί  Γ  Α  Θ  Ρ  Λ  Χ
Λ  Λ  Ι  Β  Ε  Ρ  Ί  Α  Η  Μ  Ι  Λ  Α  Κ
Ν  Ά  Λ  Ι  Υ  Έ  Σ  Ρ  Ρ  Ά  Ο  Ο  Ν  Έ
Β  Ο  Ν  Ά  Τ  Σ  Λ  Έ  Ί  Ι  Π  Ι  Δ  Ν
Ί  Σ  Ο  Υ  Δ  Ά  Ν  Έ  Α  Κ  Ί  Α  Ί  Υ
Σ  Υ  Η  Δ  Γ  Α  Λ  Λ  Ί  Α  Α  Π  Α  Α
Ι  Ρ  Μ  Ε  Ξ  Ι  Κ  Ό  Ρ  Ψ  Σ  Ω  Ο  Έ
Β  Ί  Π  Α  Κ  Ι  Σ  Τ  Ά  Ν  Ρ  Ν  Ί  Π
Υ  Α  Λ  Β  Α  Ν  Ί  Α  Β  Γ  Ω  Ί  Ω  Λ
Χ  Γ  Ο  Δ  Ρ  Ν  Ε  Σ  Π  Ί  Σ  Α  Μ  Ρ
Β  Ψ  Χ  Η  Α  Η  Α  Ϊ  Τ  Ή  Ί  Ν  Ρ  Π
Έ  Α  Η  Ί  Ξ  Ι  Ο  Υ  Κ  Ρ  Α  Ν  Ί  Α
```

ΑΛΒΑΝΊΑ	ΛΙΒΕΡΊΑ
ΑΙΘΙΟΠΊΑ	ΜΕΞΙΚΌ
ΓΑΛΛΊΑ	ΝΕΠΆΛ
ΕΛΛΆΔΑ	ΝΙΓΗΡΊΑ
ΑΪΤΉ	ΠΑΚΙΣΤΆΝ
ΙΡΛΑΝΔΊΑ	ΡΩΣΊΑ
ΤΖΑΜΆΙΚΑ	ΣΟΥΔΆΝ
ΙΑΠΩΝΊΑ	ΣΥΡΊΑ
ΚΈΝΥΑ	ΟΥΓΚΆΝΤΑ
ΛΆΟΣ	ΟΥΚΡΑΝΊΑ

63 - Fahrzeuge

Σ	Α	Ι	Ξ	Λ	Υ	Π	Ο	Β	Ρ	Ύ	Χ	Ι	Ο
Α	Ε	Ρ	Ο	Π	Λ	Ά	Ν	Ο	Η	Γ	Υ	Α	Α
Τ	Σ	Σ	Ξ	Η	Ρ	Λ	Ά	Σ	Τ	Ι	Χ	Α	Π
Ρ	Α	Θ	Η	Ο	Π	Α	Σ	Κ	Χ	Ι	Η	Χ	Ο
Ο	Υ	Μ	Ε	Τ	Ρ	Ό	Ε	Ο	Γ	Ε	Λ	Ψ	Δ
Χ	Τ	Λ	Ψ	Ν	Π	Η	Λ	Ύ	Δ	Ρ	Δ	Π	Ή
Ό	Ο	Γ	Ο	Π	Ο	Δ	Ι	Τ	Ξ	Ο	Τ	Ί	Λ
Σ	Κ	Τ	Ο	Γ	Τ	Φ	Κ	Ε	Β	Υ	Ρ	Ο	Α
Π	Ί	Ε	Α	Μ	Σ	Υ	Ό	Ρ	Ο	Κ	Α	Μ	Τ
Ι	Ν	Β	Έ	Ξ	Δ	Έ	Π	Ρ	Λ	Έ	Κ	Σ	Ο
Τ	Η	Μ	Α	Ε	Ί	Ο	Τ	Π	Ο	Τ	Τ	Σ	Δ
Ο	Τ	Μ	Ο	Τ	Έ	Ρ	Ε	Ε	Α	Α	Έ	Β	Α
Ί	Ο	Ί	Μ	Λ	Β	Ά	Ρ	Κ	Α	Δ	Ρ	Ι	Δ
Τ	Ρ	Έ	Ν	Ο	Λ	Π	Ο	Ρ	Θ	Μ	Ε	Ί	Ο

ΑΥΤΟΚΊΝΗΤΟ ΡΟΥΚΈΤΑ
ΒΆΡΚΑ ΛΆΣΤΙΧΑ
ΠΟΔΉΛΑΤΟ ΣΚΟΎΤΕΡ
ΠΟΡΘΜΕΊΟ ΤΑΞΊ
ΣΧΕΔΊΑ ΤΡΑΚΤΈΡ
ΑΕΡΟΠΛΆΝΟ ΜΕΤΡΌ
ΕΛΙΚΌΠΤΕΡΟ ΥΠΟΒΡΎΧΙΟ
ΑΣΘΕΝΟΦΌΡΟ ΤΡΟΧΌΣΠΙΤΟ
ΜΟΤΈΡ ΤΡΈΝΟ

64 - Badezimmer

Η	Γ	Β	Ν	Ν	Λ	Π	Η	Τ	Γ	Τ	Π	Κ	Σ
Σ	Ω	Α	Ε	Τ	Έ	Ο	Χ	Α	Λ	Ί	Ε	Α	Φ
Α	Α	Γ	Ρ	Ο	Γ	Π	Σ	Χ	Ν	Ξ	Τ	Θ	Ο
Μ	Τ	Π	Ό	Υ	Φ	Έ	Ξ	Ι	Ω	Β	Σ	Ρ	Υ
Π	Μ	Α	Ο	Σ	Σ	Υ	Ξ	Ω	Ό	Γ	Έ	Ε	Γ
Ο	Ο	Α	Ξ	Ύ	Ν	Γ	Σ	Ι	Ν	Ν	Τ	Φ	Γ
Υ	Ύ	Η	Ε	Δ	Ν	Ψ	Ι	Α	Έ	Γ	Α	Τ	Ά
Ά	Β	Ρ	Ύ	Σ	Η	Ι	Χ	Ξ	Λ	Ψ	Ν	Η	Ρ
Ν	Ι	Γ	Σ	Ά	Ρ	Ω	Μ	Α	Ξ	Ί	Γ	Σ	Ι
Ψ	Α	Λ	Ί	Δ	Ι	Ω	Ψ	Χ	Π	Γ	Δ	Ι	Ω
Α	Ι	Χ	Π	Υ	Α	Ε	Ψ	Ε	Υ	Π	Η	Α	Ξ
Π	Ξ	Α	Α	Μ	Η	Ρ	Έ	Χ	Έ	Ν	Έ	Ε	Ο
Ξ	Ί	Υ	Ξ	Ω	Ω	Β	Λ	Μ	Π	Ά	Ν	Ι	Ο
Ν	Χ	Ν	Ί	Β	Τ	Ο	Υ	Α	Λ	Έ	Τ	Α	Ν

ΜΠΆΝΙΟ	ΣΦΟΥΓΓΆΡΙ
ΦΥΣΑΛΊΔΑ	ΣΑΠΟΎΝΙ
ΑΤΜΟΎ	ΣΑΜΠΟΥΆΝ
ΝΤΟΥΣ	ΚΑΘΡΕΦΤΗΣ
ΠΕΤΣΈΤΑ	ΧΑΛΊ
ΛΟΣΙΌΝ	ΤΟΥΑΛΈΤΑ
ΆΡΩΜΑ	ΝΕΡΌ
ΨΑΛΊΔΙ	ΒΡΎΣΗ

65 - Musikinstrumente

```
Ν  Μ  Τ  Ρ  Ο  Μ  Π  Έ  Τ  Α  Γ  Β  Σ  Μ
Ό  Α  Δ  Ξ  Τ  Μ  Η  Ψ  Π  Χ  Σ  Ι  Χ  Α
Μ  Ν  Ν  Ε  Ρ  Κ  Ρ  Ο  Ύ  Σ  Η  Ο  Ο  Ρ
Π  Τ  Β  Ι  Ο  Λ  Ο  Ν  Τ  Σ  Έ  Λ  Ο  Ί
Ο  Ο  Σ  Δ  Μ  Α  Ί  Τ  Ύ  Ρ  Ψ  Ί  Υ  Μ
Ε  Λ  Α  Ω  Π  Ρ  Η  Έ  Μ  Έ  Γ  Δ  Β  Π
Τ  Ί  Ξ  Η  Ό  Ι  Έ  Φ  Π  Ι  Ά  Ν  Ο  Α
Λ  Ν  Ό  Η  Ν  Ν  Υ  Ι  Α  Δ  Ι  Ω  Ί  Ί
Ί  Ο  Φ  Ε  Ι  Έ  Ρ  Μ  Ν  Γ  Σ  Τ  Ξ  Ν
Ο  Χ  Ω  Ε  Η  Τ  Ψ  Ί  Ο  Χ  Κ  Ν  Ω  Ψ
Σ  Ο  Ν  Χ  Δ  Ο  Μ  Α  Δ  Ξ  Ε  Ό  Π  Μ
Ο  Σ  Ο  Ά  Ρ  Π  Α  Ε  Λ  Μ  Δ  Ε  Τ  Ί
Κ  Ι  Θ  Ά  Ρ  Α  Γ  Κ  Ο  Ν  Γ  Κ  Γ  Ο
Μ  Π  Ά  Ν  Τ  Ζ  Ο  Φ  Λ  Ά  Ο  Υ  Τ  Ο
```

ΜΠΆΝΤΖΟ	ΜΑΝΤΟΛΊΝΟ
ΒΙΟΛΟΝΤΣΈΛΟ	ΜΑΡΊΜΠΑ
ΦΑΓΚΌΤΟ	ΌΜΠΟΕ
ΦΛΆΟΥΤΟ	ΤΡΟΜΠΌΝΙ
ΒΙΟΛΊ	ΣΑΞΌΦΩΝΟ
ΚΙΘΆΡΑ	ΚΡΟΎΣΗ
ΓΚΟΝΓΚ	ΝΤΈΦΙ
ΆΡΠΑ	ΤΎΜΠΑΝΟ
ΚΛΑΡΙΝΈΤΟ	ΤΡΟΜΠΈΤΑ
ΠΙΆΝΟ	

66 - Blumen

```
Π  Α  Π  Α  Ρ  Ο  Ύ  Ν  Α  Ί  Υ  Μ  Τ  Χ
Ο  Π  Α  Σ  Σ  Ι  Φ  Λ  Ό  Ρ  Α  Π  Ρ  Υ
Κ  Ρ  Ί  Ν  Ο  Σ  Σ  Ρ  Η  Δ  Ξ  Ο  Ι  Λ
Β  Ο  Χ  Π  Α  Σ  Χ  Α  Λ  Ι  Ά  Υ  Φ  Λ
Γ  Η  Λ  Ι  Ο  Τ  Ρ  Ό  Π  Ι  Ο  Κ  Ύ  Λ
Μ  Α  Μ  Η  Δ  Υ  Γ  Έ  Ε  Ω  Π  Έ  Λ  Ε
Ι  Ο  Ρ  Ν  Π  Έ  Τ  Α  Λ  Ο  Γ  Τ  Λ  Β
Α  Β  Γ  Δ  Ν  Ρ  Α  Η  Ν  Χ  Γ  Ο  Ι  Ά
Ν  Ι  Ί  Α  Έ  Α  Γ  Ι  Α  Σ  Ε  Μ  Ί  Ν
Ξ  Λ  Έ  Σ  Σ  Ν  Τ  Ο  Υ  Λ  Ί  Π  Α  Τ
Μ  Ρ  Σ  Ρ  Κ  Π  Ι  Κ  Ρ  Α  Λ  Ί  Δ  Α
Χ  Β  Β  Ξ  Α  Ο  Μ  Α  Ν  Ό  Λ  Ι  Α  Ω
Β  Γ  Ι  Δ  Μ  Σ  Σ  Η  Μ  Ρ  Β  Έ  Ω  Ί
Π  Α  Ι  Ω  Ν  Ί  Α  Γ  Ξ  Σ  Γ  Ρ  Τ  Α
```

ΠΈΤΑΛΟ	ΜΑΝΌΛΙΑ
ΓΑΡΔΈΝΙΑ	ΠΑΠΑΡΟΎΝΑ
ΙΒΊΣΚΟΣ	ΟΡΧΙΔΈΑ
ΓΙΑΣΕΜΊ	ΠΑΣΣΙΦΛΌΡΑ
ΤΡΙΦΎΛΛΙ	ΠΑΙΩΝΊΑ
ΛΕΒΆΝΤΑ	ΗΛΙΟΤΡΌΠΙΟ
ΠΑΣΧΑΛΙΆ	ΜΠΟΥΚΈΤΟ
ΚΡΊΝΟΣ	ΤΟΥΛΊΠΑ
ΠΙΚΡΑΛΊΔΑ	

67 - Natur

```
Ε  Ι  Ρ  Η  Ν  Ι  Κ  Ή  Ν  Ί  Υ  Ξ  Τ  Έ
Λ  Μ  Χ  Φ  Χ  Ν  Έ  Γ  Ξ  Γ  Η  Ο  Ρ  Ν
Τ  Ο  Έ  Ύ  Β  Η  Ψ  Β  Μ  Υ  Ψ  Υ  Ο  Γ
Τ  Η  Ζ  Λ  Τ  Ε  Μ  Π  Ο  Ί  Ζ  Α  Π  Α
Κ  Δ  Ώ  Λ  Ι  Ε  Ρ  Ό  Έ  Η  Ω  Δ  Ι  Λ
Π  Α  Α  Ω  Ε  Σ  Χ  Α  Ρ  Κ  Τ  Ι  Κ  Ή
Ο  Σ  Τ  Μ  Ν  Η  Σ  Δ  Ε  Π  Ι  Ά  Ή  Ν
Τ  Ο  Α  Α  Ξ  Π  Έ  Ε  Η  Τ  Κ  Β  Έ  Ι
Α  Σ  Ι  Η  Φ  Γ  Α  Έ  Σ  Μ  Ή  Ρ  Δ  Ο
Μ  Τ  Ρ  Χ  Π  Ύ  Β  Ο  Υ  Ν  Ά  Ω  Ν  Λ
Ό  Ά  Γ  Ρ  Ι  Ο  Γ  Ε  Α  Ι  Υ  Σ  Α  Ψ
Σ  Ε  Ρ  Ή  Μ  Ο  Υ  Ι  Τ  Χ  Ξ  Η  Α  Ω
Ο  Μ  Ο  Ρ  Φ  Ι  Ά  Ψ  Ο  Μ  Ί  Χ  Λ  Η
Δ  Ξ  Ί  Έ  Π  Δ  Υ  Ν  Α  Μ  Ι  Κ  Ή  Μ
```

ΑΡΚΤΙΚΉ	ΖΩΤΙΚΉ
ΒΟΥΝΆ	ΟΜΊΧΛΗ
ΜΈΛΙΣΣΕΣ	ΟΜΟΡΦΙΆ
ΔΥΝΑΜΙΚΉ	ΚΑΤΑΦΎΓΙΟ
ΔΙΆΒΡΩΣΗ	ΖΏΑ
ΠΟΤΑΜΌΣ	ΤΡΟΠΙΚΉ
ΕΙΡΗΝΙΚΉ	ΔΑΣΟΣ
ΙΕΡΌ	ΆΓΡΙΟ
ΓΑΛΉΝΙΟ	ΕΡΉΜΟΥ
ΦΎΛΛΩΜΑ	

68 - Urlaub #2

```
Π  Μ  Ν  Δ  Ι  Α  Β  Α  Τ  Ή  Ρ  Ι  Ο  Ν
Σ  Α  Έ  Ψ  Π  Ρ  Ο  Ο  Ρ  Ι  Σ  Μ  Ό  Σ
Ί  Υ  Ρ  Ο  Β  Π  Ψ  Ω  Υ  Υ  Α  Ψ  Δ  Ε
Μ  Ε  Τ  Α  Φ  Ο  Ρ  Ά  Ν  Ν  Η  Σ  Ί  Ε
Ξ  Ο  Α  Ξ  Λ  Δ  Μ  Ω  Ί  Ρ  Ά  Ψ  Ο  Ν
Υ  Ξ  Ξ  Έ  Ω  Ί  Τ  Π  Υ  Ν  Σ  Δ  Ί  Ο
Γ  Μ  Ί  Ν  Ε  Ι  Α  Α  Ν  Α  Ψ  Υ  Χ  Ή
Ξ  Ε  Ν  Ο  Δ  Ο  Χ  Ε  Ί  Ο  Θ  Μ  Τ  Ξ
Χ  Δ  Ί  Μ  Ω  Β  Τ  Α  Ο  Ί  Ά  Ν  Ρ  Β
Κ  Ά  Μ  Π  Ι  Ν  Γ  Κ  Α  Σ  Λ  Α  Έ  Ί
Χ  Ω  Ρ  Τ  Τ  Ψ  Γ  Υ  Ψ  Π  Α  Μ  Ν  Ζ
Μ  Λ  Ε  Τ  Α  Ξ  Ί  Δ  Ι  Ψ  Σ  Λ  Ο  Α
Γ  Ι  Σ  Κ  Η  Ν  Ή  Γ  Ρ  Ο  Σ  Ψ  Ρ  Δ
Α  Ε  Ρ  Ο  Δ  Ρ  Ό  Μ  Ι  Ο  Α  Ι  Ν  Τ
```

ΞΈΝΟ	ΔΙΑΒΑΤΉΡΙΟ
ΒΟΥΝΆ	ΤΑΞΊΔΙ
ΚΆΜΠΙΝΓΚ	ΠΑΡΑΛΊΑ
ΑΕΡΟΔΡΌΜΙΟ	ΤΑΞΊ
ΑΝΑΨΥΧΉ	ΜΕΤΑΦΟΡΆ
ΞΕΝΟΔΟΧΕΊΟ	ΒΊΖΑ
ΝΗΣΊ	ΣΚΗΝΉ
ΧΆΡΤΗ	ΠΡΟΟΡΙΣΜΌΣ
ΘΆΛΑΣΣΑ	ΤΡΈΝΟ

69 - Zirkus

Π	Υ	Ζ	Ο	Ε	Λ	Κ	Χ	Ι	Θ	Χ	Σ	Κ	Ζ
Δ	Χ	Ώ	Λ	Ε	Λ	Γ	Ο	Υ	Ε	Υ	Κ	Λ	Ο
Μ	Π	Α	Λ	Ό	Ν	Ι	Α	Σ	Α	Α	Η	Ό	Γ
Δ	Ί	Μ	Π	Λ	Δ	Γ	Ε	Δ	Τ	Έ	Ν	Ο	Κ
Ι	Ω	Α	Χ	Τ	Ι	Σ	Η	Ε	Ή	Ο	Ή	Υ	Λ
Α	Έ	Γ	Ε	Ί	Μ	Ο	Λ	Ε	Σ	Ξ	Ύ	Ν	Έ
Σ	Ψ	Ε	Ξ	Α	Ε	Λ	Ν	Η	Σ	Ε	Ρ	Μ	Ρ
Κ	Τ	Ί	Γ	Ρ	Η	Ν	Ί	Τ	Ψ	Λ	Β	Χ	Ι
Ε	Ό	Α	Β	Ί	Υ	Λ	Υ	Μ	Ά	Γ	Ο	Σ	Υ
Δ	Β	Λ	Μ	Α	Ϊ	Μ	Ο	Ύ	Τ	Ρ	Γ	Σ	Π
Ά	Ε	Υ	Π	Ε	Ι	Σ	Ι	Τ	Ή	Ρ	Ι	Ο	Π
Σ	Έ	Ε	Ο	Ό	Π	Α	Ρ	Έ	Λ	Α	Σ	Η	Η
Ε	Μ	Ο	Υ	Σ	Ι	Κ	Ή	Έ	Π	Υ	Η	Γ	Ο
Ι	Ε	Λ	Έ	Φ	Α	Ν	Τ	Α	Σ	Η	Λ	Ι	Λ

ΜΑΪΜΟΎ
ΜΠΑΛΌΝΙΑ
ΚΛΌΟΥΝ
ΕΛΈΦΑΝΤΑΣ
ΕΙΣΙΤΉΡΙΟ
ΖΟΓΚΛΈΡ
ΚΟΣΤΟΎΜΙ
ΛΙΟΝΤΆΡΙ
ΜΑΓΕΊΑ

ΜΟΥΣΙΚΉ
ΠΑΡΈΛΑΣΗ
ΖΏΑ
ΤΊΓΡΗ
ΚΌΛΠΟ
ΔΙΑΣΚΕΔΆΣΕΙ
ΜΆΓΟΣ
ΣΚΗΝΉ
ΘΕΑΤΉΣ

70 - Barbecues

```
Δ  Α  Λ  Ο  Β  Υ  Τ  Γ  Σ  Α  Λ  Ά  Τ  Α
Μ  Λ  Α  Ν  Α  Τ  Κ  Ν  Δ  Χ  Γ  Ρ  Β  Μ
Ο  Ά  Χ  Φ  Ε  Ι  Α  Η  Σ  Υ  Ά  Γ  Ι  Ζ
Υ  Τ  Α  Ρ  Η  Α  Λ  Α  Ν  Ί  Δ  Ρ  Ο  Ε
Σ  Ι  Ν  Ο  Ι  Κ  Ο  Γ  Έ  Ν  Ε  Ι  Α  Σ
Ι  Β  Ι  Ύ  Σ  Ο  Κ  Ε  Λ  Π  Ί  Δ  Δ  Τ
Κ  Μ  Κ  Τ  Ά  Τ  Α  Ύ  Ρ  Ε  Π  Ρ  Π  Ό
Ή  Α  Ά  Ο  Λ  Ό  Ί  Μ  Ο  Ε  Ν  Ο  Ι  Ψ
Ρ  Χ  Ο  Ν  Τ  Π  Ρ  Α  Μ  Ξ  Ο  Β  Ρ  Ν
Ψ  Α  Α  Τ  Σ  Ο  Ι  Π  Ε  Ί  Ν  Α  Ο  Υ
Ί  Ί  Ν  Ε  Α  Υ  Δ  Π  Α  Ί  Μ  Γ  Ύ  Ί
Ψ  Ρ  Υ  Έ  Ε  Λ  Μ  Ρ  Έ  Ι  Δ  Γ  Ν  Ω
Δ  Ι  Η  Ξ  Υ  Ο  Ο  Π  Ψ  Ρ  Δ  Έ  Ι  Λ
Μ  Α  Γ  Ε  Ί  Ρ  Ε  Μ  Α  Λ  Ι  Ί  Α  Τ
```

ΔΕΊΠΝΟ	ΜΑΓΕΊΡΕΜΑ
ΟΙΚΟΓΈΝΕΙΑ	ΜΑΧΑΊΡΙΑ
ΦΡΟΎΤΟ	ΓΕΎΜΑ
ΠΙΡΟΎΝΙΑ	ΜΟΥΣΙΚΉ
ΛΑΧΑΝΙΚΆ	ΠΙΠΈΡΙ
ΣΧΆΡΑ	ΣΑΛΆΤΑ
ΖΕΣΤΌ	ΑΛΆΤΙ
ΚΟΤΌΠΟΥΛΟ	ΚΑΛΟΚΑΊΡΙ
ΠΕΊΝΑ	ΣΆΛΤΣΑ
ΠΑΙΔΊ	

71 - Küche

```
Χ  Σ  Β  Ρ  Α  Σ  Τ  Ή  Ρ  Α  Σ  Ί  Χ  Ε
Τ  Χ  Φ  Κ  Ο  Υ  Τ  Ά  Λ  Ι  Α  Μ  Α  Φ
Λ  Ά  Π  Ο  Ω  Π  Ξ  Γ  Ι  Μ  Χ  Π  Ρ  Ο
Π  Ρ  Α  Ο  Υ  Κ  Ο  Υ  Τ  Ά  Λ  Α  Τ  Ύ
Έ  Α  Ο  Μ  Δ  Γ  Γ  Γ  Έ  Α  Ω  Χ  Ο  Ρ
Ψ  Ρ  Ο  Ν  Σ  Ι  Γ  Τ  Π  Ω  Ξ  Α  Π  Ν
Τ  Ρ  Ο  Φ  Ή  Χ  Ά  Ά  Ι  Ι  Υ  Ρ  Ε  Ο
Ρ  Υ  Σ  Τ  Ν  Ε  Δ  Γ  Ρ  Η  Λ  Ι  Τ  Σ
Ί  Σ  Ρ  Ψ  Υ  Γ  Ε  Ί  Ο  Ι  Ά  Κ  Σ  Μ
Υ  Δ  Ρ  Ω  Δ  Ί  Ω  Υ  Ύ  Λ  Κ  Ό  Έ  Π
Σ  Υ  Ν  Τ  Α  Γ  Ή  Ο  Ν  Ε  Ι  Ξ  Τ  Ο
Ί  Ω  Μ  Α  Χ  Α  Ί  Ρ  Ι  Α  Α  Ν  Α  Λ
Β  Γ  Κ  Ύ  Π  Ε  Λ  Λ  Α  Υ  Τ  Ω  Έ  Δ
Ι  Έ  Τ  Λ  Ν  Κ  Α  Ν  Ά  Τ  Α  Α  Ι  Δ
```

ΤΡΟΦΉ	ΜΑΧΑΊΡΙΑ
ΞΥΛΆΚΙΑ	ΦΟΎΡΝΟΣ
ΠΙΡΟΎΝΙΑ	ΣΥΝΤΑΓΉ
ΜΠΑΧΑΡΙΚΌ	ΠΟΔΙΆ
ΣΧΆΡΑ	ΜΠΟΛ
ΚΟΥΤΆΛΑ	ΣΦΟΥΓΓΆΡΙ
ΚΑΝΆΤΑ	ΧΑΡΤΟΠΕΤΣΈΤΑ
ΨΥΓΕΊΟ	ΚΎΠΕΛΛΑ
ΚΟΥΤΆΛΙΑ	ΒΡΑΣΤΉΡΑΣ

72 - Schach

Α	Μ	Π	Η	Σ	Τ	Ρ	Α	Τ	Η	Γ	Ι	Κ	Ή
Ν	Π	Α	Θ	Η	Τ	Ι	Κ	Ή	Υ	Ψ	Λ	Δ	Β
Τ	Ί	Ί	Ύ	Τ	Ι	Σ	Ο	Ξ	Ρ	Θ	Ψ	Ι	Α
Ί	Π	Κ	Ρ	Ρ	Ο	Μ	Σ	Έ	Γ	Υ	Ω	Α	Σ
Π	Ρ	Τ	Ώ	Υ	Ο	Υ	Ώ	Χ	Ξ	Σ	Λ	Γ	Ί
Α	Ω	Η	Β	Β	Ι	Α	Ρ	Ψ	Ε	Ί	Ε	Ώ	Λ
Λ	Τ	Ε	Ί	Π	Π	Λ	Α	Ν	Σ	Α	Υ	Ν	Ι
Ο	Α	Υ	Ο	Ω	Ρ	Ξ	Μ	Δ	Ο	Ξ	Κ	Ι	Σ
Σ	Θ	Β	Α	Σ	Ι	Λ	Ι	Ά	Σ	Υ	Ό	Ο	Σ
Η	Λ	Ο	Ι	Τ	Η	Λ	Ω	Υ	Ι	Ν	Ά	Σ	Α
Μ	Η	Υ	Ε	Ι	Ι	Ο	Χ	Η	Ν	Ψ	Ω	Ψ	Χ
Ε	Τ	Π	Α	Ι	Χ	Ν	Ί	Δ	Ι	Λ	Ε	Ί	Έ
Ί	Ή	Λ	Β	Β	Έ	Π	Ρ	Χ	Ψ	Ί	Ι	Ι	Μ
Α	Σ	Δ	Τ	Ψ	Ψ	Τ	Ι	Β	Λ	Ο	Λ	Σ	Ξ

ΠΡΩΤΑΘΛΗΤΉΣ   ΜΑΎΡΟ
ΔΙΑΓΏΝΙΟΣ   ΠΑΙΧΝΊΔΙ
ΑΝΤΊΠΑΛΟΣ   ΠΑΊΚΤΗ
ΒΑΣΙΛΙΆΣ   ΣΤΡΑΤΗΓΙΚΉ
ΒΑΣΊΛΙΣΣΑ   ΤΟΥΡΝΟΥΆ
ΘΥΣΊΑ   ΛΕΥΚΌ
ΠΑΘΗΤΙΚΉ   ΏΡΑ
ΣΗΜΕΊΑ

73 - Geographie

Τ	Ν	Μ	Γ	Ρ	Έ	Ν	Η	Β	Ι	Γ	Λ	Ε	Ψ
Ξ	Δ	Λ	Δ	Ω	Σ	Δ	Β	Ο	Ρ	Ρ	Ά	Έ	Η
Ή	Π	Ε	Ι	Ρ	Ο	Σ	Α	Ψ	Ε	Β	Χ	Ι	Η
Η	Χ	Ώ	Ρ	Α	Β	Β	Γ	Φ	Ν	Ν	Ξ	Τ	Ν
Ά	Μ	Β	Α	Σ	Ο	Ο	Υ	Υ	Ο	Η	Β	Π	Θ
Δ	Τ	Ι	Ω	Ξ	Υ	Υ	Ψ	Κ	Ό	Σ	Μ	Ο	Ά
Ύ	Ε	Λ	Σ	Ο	Ν	Π	Ό	Λ	Η	Ί	Ι	Μ	Λ
Σ	Β	Ψ	Α	Φ	Ό	Δ	Μ	Ψ	Υ	Α	Ε	Έ	Α
Η	Ν	Λ	Ψ	Ν	Α	Π	Ε	Ρ	Ι	Ο	Χ	Ή	Σ
Χ	Ά	Ρ	Τ	Η	Τ	Ί	Τ	Υ	Ψ	Σ	Χ	Α	Σ
Έ	Ε	Ί	Ρ	Τ	Έ	Α	Ρ	Λ	Η	Τ	Π	Ψ	Α
Ω	Κ	Ε	Α	Ν	Ό	Σ	Ο	Ι	Έ	Μ	Ω	Δ	Ξ
Π	Ο	Τ	Α	Μ	Ό	Σ	Π	Ξ	Ο	Χ	Έ	Ν	Ί
Γ	Ε	Ω	Γ	Ρ	Α	Φ	Ι	Κ	Ό	Σ	Ρ	Ξ	Ψ

ΆΤΛΑΝΤΑ

ΒΟΥΝΌ

ΠΟΤΑΜΌΣ

ΈΔΑΦΟΣ

ΗΜΙΣΦΑΊΡΙΟ

ΥΨΌΜΕΤΡΟ

ΝΗΣΊ

ΧΆΡΤΗ

ΉΠΕΙΡΟΣ

ΧΏΡΑ

ΓΕΩΓΡΑΦΙΚΌ

ΘΆΛΑΣΣΑ

ΒΟΡΡΆ

ΩΚΕΑΝΌΣ

ΠΕΡΙΟΧΉ

ΠΌΛΗ

ΚΌΣΜΟ

ΔΎΣΗ

74 - Zahlen

```
Δ  Ε  Κ  Α  Τ  Έ  Σ  Σ  Ε  Ρ  Α  Δ  Έ  Τ
Ε  Ί  Δ  Ο  Ψ  Ξ  Χ  Ε  Ο  Ψ  Δ  Ε  Δ  Έ
Κ  Κ  Ε  Δ  Κ  Ι  Ω  Π  Ξ  Ο  Ε  Κ  Ε  Σ
Α  Ο  Κ  Ώ  Δ  Τ  Ρ  Ί  Α  Έ  Κ  Α  Κ  Σ
Τ  Σ  Α  Δ  Ε  Γ  Ώ  Σ  Δ  Π  Α  Ε  Α  Ε
Ρ  Ι  Ο  Ε  Κ  Μ  Η  Δ  Έ  Ν  Έ  Ν  Δ  Ρ
Ί  Ψ  Κ  Κ  Α  Β  Τ  Ε  Κ  Δ  Ξ  Ν  Ι  Α
Α  Υ  Τ  Α  Ε  Μ  Ε  Κ  Α  Α  Ι  Έ  Κ  Ψ
Σ  Μ  Ώ  Υ  Π  Ι  Ω  Α  Λ  Χ  Ο  Α  Ό  Ο
Ε  Π  Τ  Ά  Τ  Η  Ω  Π  Ε  Δ  Τ  Δ  Π  Σ
Ο  Ρ  Έ  Ν  Ά  Υ  Ξ  Έ  Ν  Ρ  Τ  Ω  Α  Ψ
Υ  Δ  Ξ  Ν  Δ  Ί  Ί  Ν  Ν  Ο  Ψ  Ω  Ε  Τ
Έ  Ν  Δ  Γ  Τ  Ύ  Ι  Τ  Έ  Δ  Τ  Η  Σ  Μ
Β  Ε  Έ  Έ  Σ  Ε  Ο  Ε  Α  Ι  Α  Ι  Υ  Α
```

ΟΚΤΏ	ΈΞΙ
ΔΕΚΑΟΚΤΏ	ΔΕΚΑΈΞΙ
ΔΕΚΑΔΙΚΌ	ΕΠΤΆ
ΤΡΊΑ	ΔΕΚΑΕΠΤΆ
ΔΕΚΑΤΡΊΑ	ΤΈΣΣΕΡΑ
ΠΈΝΤΕ	ΔΕΚΑΤΈΣΣΕΡΑ
ΔΕΚΑΠΈΝΤΕ	ΔΈΚΑ
ΕΝΝΈΑ	ΕΊΚΟΣΙ
ΔΕΚΑΕΝΝΈΑ	ΔΎΟ
ΜΗΔΈΝ	ΔΩΔΕΚΑ

75 - Urlaub #1

```
Τ  Α  Ε  Κ  Δ  Ρ  Ο  Μ  Ή  Έ  Π  Δ  Ο  Τ
Σ  Ν  Β  Δ  Λ  Β  Β  Ξ  Ε  Δ  Υ  Ρ  Μ  Ε
Α  Α  Α  Ε  Ρ  Ο  Π  Λ  Ά  Ν  Ο  Ο  Π  Λ
Κ  Χ  Λ  Ι  Ε  Α  Ρ  Ί  Χ  Ό  Έ  Μ  Ρ  Ω
Ί  Ώ  Ί  Σ  Η  Ω  Π  Η  Λ  Μ  Ε  Ο  Έ  Ν
Δ  Ρ  Τ  Ι  Έ  Υ  Ο  Χ  Λ  Ι  Ω  Λ  Λ  Ε
Ι  Η  Σ  Τ  Ρ  Α  Μ  Α  Ί  Σ  Π  Ό  Α  Ί
Ο  Σ  Α  Ή  Μ  Μ  Δ  Λ  Μ  Μ  Τ  Γ  Ψ  Ο
Μ  Η  Λ  Ρ  Ί  Ο  Ρ  Ά  Ν  Α  Δ  Ι  Ξ  Ε
Γ  Χ  Έ  Ι  Χ  Υ  Υ  Ρ  Η  Ψ  Π  Ο  Υ  Ί
Ο  Α  Μ  Ο  Ί  Σ  Γ  Ω  Ι  Ξ  Μ  Μ  Β  Τ
Η  Ο  Σ  Β  Ε  Ε  Έ  Σ  Δ  Σ  Τ  Π  Χ  Ο
Α  Υ  Τ  Ο  Κ  Ί  Ν  Η  Τ  Ο  Λ  Ψ  Γ  Ί
Π  Η  Ί  Α  Τ  Ο  Υ  Ρ  Ι  Σ  Τ  Α  Σ  Ν
```

ΑΝΑΧΏΡΗΣΗ	ΟΜΠΡΈΛΑ
ΑΥΤΟΚΊΝΗΤΟ	ΔΡΟΜΟΛΌΓΙΟ
ΧΑΛΆΡΩΣΗ	ΣΑΚΊΔΙΟ
ΕΚΔΡΟΜΉ	ΛΊΜΝΗ
ΕΙΣΙΤΉΡΙΟ	ΤΡΑΜ
ΑΕΡΟΠΛΆΝΟ	ΤΟΥΡΊΣΤΑΣ
ΒΑΛΊΤΣΑ	ΝΌΜΙΣΜΑ
ΜΟΥΣΕΊΟ	ΤΕΛΩΝΕΊΟ

76 - Kunst Liefert

```
Π  Μ  Ν  Ι  Ψ  Π  Ξ  Δ  Κ  Ξ  Ο  Μ  Γ  Κ
Λ  Ε  Ψ  Γ  Η  Σ  Π  Β  Γ  Ό  Μ  Α  Γ  Ά
Π  Λ  Ρ  Ι  Τ  Κ  Α  Έ  Ρ  Δ  Λ  Ω  Σ  Ρ
Λ  Ά  Δ  Ι  Χ  Ρ  Ώ  Μ  Α  Τ  Α  Λ  Μ  Β
Ψ  Ν  Ν  Γ  Λ  Α  Α  Ν  Α  Π  Κ  Ν  Α  Ο
Σ  Ι  Ε  Ξ  Ω  Γ  Δ  Π  Λ  Ρ  Ι  Ί  Υ
Κ  Τ  Ρ  Π  Π  Ι  Υ  Κ  Έ  Δ  Υ  Δ  Δ  Ν
Ψ  Α  Ό  Β  Ω  Ό  Ί  Α  Υ  Ζ  Λ  Έ  Ι  Ο
Α  Ι  Β  Γ  Ί  Ν  Μ  Ρ  Ω  Λ  Ι  Α  Β  Έ
Λ  Β  Γ  Α  Χ  Ι  Ρ  Έ  Έ  Ω  Κ  Ν  Β  Γ
Σ  Σ  Β  Λ  Λ  Α  Γ  Κ  Ί  Τ  Ό  Ω  Α  Β
Χ  Α  Ρ  Τ  Ί  Έ  Σ  Λ  Π  Ι  Ν  Έ  Λ  Ο
Γ  Τ  Ο  Έ  Ι  Α  Τ  Α  Ί  Η  Χ  Ρ  Μ  Ι
Μ  Ο  Λ  Ύ  Β  Ι  Α  Ο  Λ  Μ  Υ  Λ  Σ  Ξ
```

ΑΚΡΥΛΙΚΌ	ΛΆΔΙ
ΜΟΛΎΒΙΑ	ΧΑΡΤΊ
ΚΡΑΓΙΌΝΙΑ	ΓΌΜΑ
ΠΙΝΈΛΟ	ΚΑΒΑΛΈΤΟ
ΧΡΏΜΑΤΑ	ΚΑΡΈΚΛΑ
ΚΆΡΒΟΥΝΟ	ΤΡΑΠΈΖΙ
ΙΔΈΑ	ΜΕΛΆΝΙ
ΚΌΛΛΑ	ΝΕΡΌ

77 - Tage und Monate

```
Φ  Π  Α  Ρ  Α  Σ  Κ  Ε  Υ  Ή  Ί  Ν  Ψ  Ψ
Ε  Τ  Ο  Σ  Η  Μ  Ε  Ρ  Ο  Λ  Ό  Γ  Ι  Ο
Β  Σ  Ε  Π  Τ  Ε  Μ  Β  Ρ  Ί  Ο  Υ  Ο  Υ
Ρ  Ι  Ν  Ι  Π  Ω  Τ  Σ  Λ  Α  Ε  Ψ  Κ  Γ
Ο  Α  Ι  Ο  Υ  Λ  Ί  Ο  Υ  Υ  Β  Ε  Τ  Δ
Υ  Ν  Ξ  Έ  Ε  Μ  Λ  Μ  Έ  Γ  Δ  Ω  Ω  Ε
Α  Ο  Σ  Π  Έ  Μ  Π  Τ  Η  Ο  Ο  Σ  Β  Κ
Ρ  Υ  Ε  Χ  Δ  Ί  Β  Τ  Α  Ύ  Μ  Γ  Ρ  Ε
Ί  Α  Δ  Ε  Υ  Τ  Έ  Ρ  Α  Σ  Ά  Υ  Ί  Μ
Ο  Ρ  Ψ  Γ  Ο  Ψ  Μ  Ί  Ί  Τ  Δ  Ρ  Ο  Β
Υ  Ί  Τ  Ε  Τ  Ά  Ρ  Τ  Η  Ο  Α  Υ  Υ  Ρ
Τ  Ο  Ε  Η  Ξ  Σ  Ξ  Η  Ε  Υ  Υ  Σ  Υ  Ί
Κ  Υ  Ρ  Ι  Α  Κ  Ή  Σ  Ά  Β  Β  Α  Τ  Ο
Μ  Ή  Ν  Α  Σ  Ι  Ο  Υ  Ν  Ί  Ο  Υ  Ε  Υ
```

ΑΥΓΟΎΣΤΟΥ	ΗΜΕΡΟΛΌΓΙΟ
ΔΕΚΕΜΒΡΊΟΥ	ΤΕΤΆΡΤΗ
ΤΡΊΤΗ	ΜΉΝΑΣ
ΠΈΜΠΤΗ	ΔΕΥΤΈΡΑ
ΦΕΒΡΟΥΑΡΊΟΥ	ΝΟΕΜΒΡΊΟΥ
ΠΑΡΑΣΚΕΥΉ	ΟΚΤΩΒΡΊΟΥ
ΕΤΟΣ	ΣΆΒΒΑΤΟ
ΙΑΝΟΥΑΡΊΟΥ	ΣΕΠΤΕΜΒΡΊΟΥ
ΙΟΥΛΊΟΥ	ΚΥΡΙΑΚΉ
ΙΟΥΝΊΟΥ	ΕΒΔΟΜΆΔΑ

78 - Piraten

Έ	Χ	Ρ	Υ	Σ	Ό	Σ	Σ	Κ	Έ	Ο	Θ	Υ	Ο
Χ	Σ	Ω	Ρ	Χ	Η	Ν	Ι	Α	Β	Β	Η	Μ	Π
Β	Σ	Π	Α	Θ	Ί	Μ	Π	Κ	Ν	Η	Σ	Σ	Ά
Ί	Π	Λ	Ή	Ρ	Ω	Μ	Α	Ό	Ω	Σ	Α	Π	Γ
Γ	Ή	Ο	Υ	Λ	Ή	Ο	Π	Ί	Ί	Ε	Υ	Έ	Κ
Ρ	Λ	Ρ	Ο	Ύ	Μ	Ι	Α	Γ	Α	Έ	Ρ	Η	Υ
Κ	Α	Κ	Π	Π	Β	Ν	Γ	Ε	Η	Ρ	Ό	Α	Ρ
Π	Ι	Λ	Έ	Α	Ι	Χ	Ά	Ρ	Τ	Η	Σ	Μ	Α
Α	Ο	Ν	Ε	Ρ	Δ	Π	Λ	Π	Υ	Ξ	Ί	Δ	Α
Ρ	Ψ	Η	Δ	Ξ	Μ	Λ	Ο	Χ	Α	Γ	Ό	Σ	Ε
Α	Ψ	Σ	Ρ	Ύ	Ε	Α	Σ	Α	Σ	Χ	Τ	Ι	Δ
Λ	Ξ	Ί	Ο	Α	Ν	Ω	Τ	Τ	Ο	Δ	Σ	Σ	Ψ
Ί	Ξ	Θ	Ρ	Ύ	Λ	Ο	Σ	Α	Ρ	Σ	Σ	Ρ	Έ
Α	Λ	Λ	Ρ	Ω	Ο	Ι	Υ	Υ	Ξ	Β	Ί	Ψ	Ψ

ΆΓΚΥΡΑ	ΘΡΎΛΟΣ
ΠΛΉΡΩΜΑ	ΚΈΡΜΑΤΑ
ΣΗΜΑΊΑ	ΟΥΛΉ
ΚΙΝΔΎΝΟΥ	ΠΑΠΑΓΆΛΟΣ
ΧΡΥΣΌΣ	ΡΟΎΜΙ
ΣΠΉΛΑΙΟ	ΘΗΣΑΥΡΌΣ
ΝΗΣΊ	ΚΑΚΌ
ΛΟΧΑΓΌΣ	ΣΠΑΘΊ
ΧΆΡΤΗ	ΠΑΡΑΛΊΑ
ΠΥΞΊΔΑ	

79 - Emotionen

```
Ψ  Τ  Ρ  Υ  Φ  Ε  Ρ  Ό  Τ  Η  Τ  Α  Έ  Κ
Η  Ε  Τ  Ξ  Χ  Η  Υ  Ν  Τ  Γ  Υ  Γ  Κ  Α
Β  Β  Δ  Χ  Ω  Ί  Θ  Γ  Τ  Β  Ψ  Ά  Π  Λ
Η  Σ  Λ  Ο  Ρ  Χ  Χ  Υ  Ν  Α  Β  Π  Λ  Ο
Σ  Υ  Μ  Π  Ό  Ν  Ι  Α  Μ  Ώ  Ε  Η  Η  Σ
Υ  Ι  Η  Ω  Χ  Ο  Ο  Ν  Ί  Ό  Μ  Ω  Ξ  Ύ
Α  Ν  Α  Κ  Ο  Ύ  Φ  Ι  Σ  Η  Σ  Ω  Η  Ν
Π  Ε  Ρ  Ι  Ε  Χ  Ό  Μ  Ε  Ν  Ο  Ε  Ν  Η
Λ  Ί  Χ  Σ  Χ  Α  Β  Ξ  Ι  Ν  Ξ  Ι  Η  Ο
Ή  Έ  Τ  Α  Ι  Ρ  Ο  Ρ  Υ  Β  Ο  Ρ  Μ  Λ
Ξ  Σ  Ι  Δ  Λ  Ά  Σ  Α  Έ  Ί  Ί  Ή  Γ  Ι
Η  Ρ  Ε  Μ  Ί  Α  Θ  Λ  Ί  Ψ  Η  Ν  Ο  Μ
Δ  Π  Ι  Ε  Ο  Ρ  Ρ  Α  Γ  Ξ  Ι  Η  Ο  Ψ
Ν  Ε  Ί  Ι  Ε  Η  Γ  Ή  Π  Ρ  Η  Ί  Η  Ν
```

ΦΌΒΟΣ	ΑΓΆΠΗ
ΕΥΓΝΏΜΩΝ	ΑΝΑΚΟΎΦΙΣΗ
ΧΑΛΑΡΉ	ΗΡΕΜΊΑ
ΧΑΡΆ	ΣΥΜΠΌΝΙΑ
ΚΑΛΟΣΎΝΗ	ΘΛΊΨΗ
ΕΙΡΉΝΗ	ΈΚΠΛΗΞΗ
ΠΕΡΙΕΧΌΜΕΝΟ	ΘΥΜΌΣ
ΠΛΉΞΗ	ΤΡΥΦΕΡΌΤΗΤΑ

80 - Zu Füllen

Ε	Τ	Σ	Ω	Λ	Ή	Ν	Α	Σ	Ι	Ι	Ρ	Χ	Π
Η	Δ	Ί	Υ	Η	Α	Δ	Τ	Χ	Ν	Έ	Ο	Α	Α
Β	Ί	Β	Α	Ρ	Έ	Λ	Ι	Σ	Β	Ο	Δ	Ρ	Κ
Α	Σ	Χ	Λ	Β	Τ	Φ	Ο	Χ	Έ	Μ	Δ	Τ	Έ
Λ	Κ	Ρ	Λ	Ε	Κ	Ά	Ν	Η	Ι	Π	Χ	Ο	Τ
Ί	Ο	Η	Σ	Χ	Τ	Κ	Ρ	Ψ	Π	Ο	Η	Κ	Ο
Τ	Σ	Η	Ε	Ρ	Ι	Ε	Ν	Ι	Ξ	Υ	Σ	Ι	Η
Σ	Ε	Φ	Ά	Κ	Ε	Λ	Ο	Σ	Π	Κ	Η	Β	Γ
Α	Β	Ά	Ζ	Ο	Α	Ο	Ξ	Α	Ρ	Ά	Χ	Ώ	Ξ
Ε	Δ	Χ	Ρ	Δ	Λ	Λ	Έ	Σ	Τ	Λ	Ω	Τ	Π
Δ	Ε	Ο	Λ	Ι	Ι	Σ	Ά	Ι	Β	Ι	Η	Ι	Σ
Κ	Ι	Β	Ώ	Τ	Ι	Ο	Α	Θ	Ε	Χ	Δ	Ο	Τ
Π	Ε	Σ	Τ	Β	Ο	Η	Α	Τ	Ι	Ρ	Ι	Η	Χ
Τ	Α	Η	Ξ	Ψ	Η	Ω	Ψ	Μ	Κ	Ο	Υ	Τ	Ί

ΛΕΚΆΝΗ	ΦΆΚΕΛΟ
ΚΟΥΤΊ	ΠΑΚΈΤΟ
ΒΑΡΈΛΙ	ΣΩΛΉΝΑΣ
ΜΠΟΥΚΆΛΙ	ΣΥΡΤΆΡΙ
ΧΑΡΤΟΚΙΒΏΤΙΟ	ΔΊΣΚΟΣ
ΚΙΒΏΤΙΟ	ΤΣΈΠΗ
ΒΑΛΊΤΣΑ	ΦΆΚΕΛΟΣ
ΚΑΛΆΘΙ	ΒΆΖΟ

81 - Surfen

```
Π  Ί  Δ  Ε  Σ  Α  Ξ  Ρ  Ο  Κ  Η  Π  Τ  Υ
Ρ  Λ  Κ  Σ  Η  Τ  Θ  Χ  Ν  Ύ  Χ  Ί  Α  Ί
Ω  Σ  Α  Ξ  Χ  Μ  Υ  Λ  Τ  Μ  Π  Ν  Χ  Ψ
Τ  Λ  Ι  Α  Ω  Ρ  Ο  Λ  Η  Α  Ί  Δ  Ύ  Π
Α  Φ  Ρ  Ό  Σ  Κ  Ο  Α  Υ  Τ  Α  Ι  Τ  Λ
Θ  Ι  Ό  Ν  Λ  Γ  Ε  Δ  Ί  Α  Ή  Α  Η  Ή
Λ  Ω  Σ  Ο  Δ  Ύ  Ν  Α  Μ  Η  Ξ  Σ  Τ  Θ
Η  Σ  Τ  Ο  Μ  Ά  Χ  Ι  Ν  Α  Ι  Κ  Α  Η
Τ  Α  Ρ  Χ  Ά  Ρ  Ι  Ο  Σ  Ό  Μ  Έ  Κ  Π
Ή  Έ  Δ  Η  Μ  Ο  Φ  Ι  Λ  Ή  Σ  Δ  Ο  Έ
Σ  Σ  Ξ  Λ  Δ  Ί  Λ  Ε  Χ  Ά  Α  Α  Υ  Τ
Τ  Ε  Έ  Σ  Ψ  Ρ  Ι  Δ  Γ  Κ  Β  Σ  Π  Α
Η  Υ  Ρ  Τ  Α  Τ  Ε  Μ  Β  Ρ  Γ  Η  Ί  Ι
Γ  Π  Α  Ρ  Α  Λ  Ί  Α  Β  Ο  Ί  Η  Υ  Β
```

ΑΡΧΆΡΙΟΣ	ΚΟΥΠΊ
ΑΘΛΗΤΉΣ	ΞΈΡΑ
ΔΗΜΟΦΙΛΉΣ	ΑΦΡΌΣ
ΠΡΩΤΑΘΛΗΤΉΣ	ΔΙΑΣΚΈΔΑΣΗ
ΆΚΡΟ	ΔΎΝΑΜΗ
ΤΑΧΎΤΗΤΑ	ΣΤΥΛ
ΣΤΟΜΆΧΙ	ΠΑΡΑΛΊΑ
ΠΛΉΘΗ	ΚΎΜΑ
ΩΚΕΑΝΌΣ	ΚΑΙΡΌΣ

82 - Möbel

```
Χ  Σ  Ξ  Ω  Ξ  Ι  Α  Χ  Α  Λ  Ί  Κ  Π  Μ
Σ  Δ  Τ  Ξ  Ψ  Ψ  Η  Π  Ω  Ρ  Κ  Α  Ο  Α
Μ  Υ  Α  Ρ  Ά  Φ  Ι  Α  Ξ  Ψ  Ο  Ρ  Λ  Ξ
Γ  Α  Γ  Ι  Ώ  Β  Α  Γ  Π  Μ  Υ  Έ  Υ  Ι
Β  Ο  Έ  Γ  Ώ  Μ  Ν  Κ  Π  Ρ  Ρ  Κ  Θ  Λ
Γ  Κ  Π  Σ  Ε  Ρ  Α  Ά  Δ  Ξ  Τ  Λ  Ρ  Ά
Φ  Ο  Υ  Τ  Ό  Ν  Α  Κ  Α  Τ  Ί  Α  Ό  Ρ
Τ  Μ  Τ  Λ  Έ  Ω  Λ  Ι  Έ  Χ  Ν  Κ  Ν  Ι
Ί  Μ  Α  Κ  Ρ  Ε  Β  Ά  Τ  Ι  Α  Α  Α  Χ
Π  Ό  Σ  Σ  Μ  Μ  Α  Υ  Μ  Ο  Ο  Ν  Ψ  Ε
Κ  Α  Θ  Ρ  Ε  Φ  Τ  Η  Σ  Π  Ι  Α  Ε  Ε
Β  Ι  Β  Λ  Ι  Ο  Θ  Ή  Κ  Η  Α  Π  Π  Χ
Γ  Ρ  Α  Φ  Ε  Ί  Ο  Ψ  Β  Λ  Έ  Έ  Υ  Ω
Χ  Ι  Ξ  Ι  Ί  Ι  Π  Γ  Λ  Ξ  Ί  Έ  Ρ  Τ
```

ΠΑΓΚΆΚΙ	ΣΤΡΏΜΑ
ΚΡΕΒΆΤΙ	ΡΆΦΙΑ
ΒΙΒΛΙΟΘΉΚΗ	ΓΡΑΦΕΊΟ
ΚΑΝΑΠΈ	ΠΟΛΥΘΡΌΝΑ
ΦΟΥΤΌΝ	ΚΑΘΡΕΦΤΗΣ
ΑΪΏΡΑ	ΚΑΡΈΚΛΑ
ΜΑΞΙΛΆΡΙ	ΧΑΛΊ
ΚΟΜΜΌ	ΚΟΥΡΤΊΝΑ
ΛΆΜΠΑ	

83 - Kräuterkunde

Μ	Π	Ρ	Σ	Υ	Α	Κ	Ρ	Ο	Κ	Ο	Σ	Μ	Β
Γ	Έ	Μ	Μ	Ά	Ρ	Α	Θ	Ο	Ή	Ε	Π	Α	Α
Ά	Χ	Σ	Ω	Λ	Ω	Τ	Η	Σ	Π	Ξ	Ρ	Γ	Σ
Ε	Ν	Υ	Μ	Α	Μ	Σ	Δ	Ρ	Ο	Ξ	Ά	Ε	Ι
Μ	Γ	Η	Μ	Π	Α	Π	Κ	Ι	Σ	Β	Σ	Ι	Λ
Θ	Α	Τ	Θ	Μ	Τ	Έ	Ο	Ό	Σ	Ε	Ι	Ρ	Ι
Υ	Π	Ϊ	Έ	Ο	Ι	Ρ	Έ	Γ	Ρ	Ξ	Ν	Ι	Κ
Μ	Ο	Ρ	Ν	Χ	Κ	Χ	Ρ	Χ	Ο	Δ	Ο	Κ	Ο
Ά	Ι	Έ	Ξ	Τ	Ό	Ξ	Ο	Ί	Ο	Γ	Ο	Ή	Ύ
Ρ	Ό	Π	Ι	Ι	Α	Λ	Ο	Υ	Λ	Ο	Ύ	Δ	Ι
Ι	Τ	Σ	Ί	Γ	Ρ	Ν	Λ	Ε	Β	Ά	Ν	Τ	Α
Γ	Η	Δ	Ξ	Ν	Υ	Σ	Ό	Ι	Δ	Ψ	Ι	Λ	Ί
Ι	Τ	Π	Δ	Π	Γ	Ε	Ύ	Σ	Η	Π	Λ	Έ	Ί
Β	Α	Ε	Σ	Τ	Ρ	Α	Γ	Κ	Ό	Ν	Ν	Π	Ω

ΑΡΩΜΑΤΙΚΌ
ΒΑΣΙΛΙΚΟΎ
ΛΟΥΛΟΎΔΙ
ΆΝΗΘΟ
ΕΣΤΡΑΓΚΌΝ
ΜΆΡΑΘΟ
ΚΉΠΟΣ
ΓΕΎΣΗ

ΠΡΆΣΙΝΟ
ΣΚΌΡΔΟ
ΜΑΓΕΙΡΙΚΉ
ΛΕΒΆΝΤΑ
ΜΑΪΝΤΑΝΌΣ
ΠΟΙΌΤΗΤΑ
ΚΡΟΚΟΣ
ΘΥΜΆΡΙ

84 - Aktivitäten und Freizeit

```
Γ  Λ  Η  Λ  Υ  Κ  Κ  Τ  Μ  Κ  Ψ  Ξ  Ψ  Ε
Π  Κ  Β  Χ  Σ  Ο  Α  Α  Π  Ά  Χ  Η  Ά  Υ
Μ  Η  Ο  Α  Έ  Λ  Τ  Ξ  Ά  Μ  Τ  Λ  Ρ  Χ
Π  Π  Ρ  Λ  Ρ  Ύ  Α  Ί  Σ  Π  Έ  Μ  Ε  Η
Έ  Ο  Έ  Α  Φ  Μ  Δ  Δ  Κ  Ι  Ν  Ξ  Μ  Π
Ι  Υ  Ρ  Ρ  Ι  Β  Ύ  Ι  Ε  Ν  Ι  Υ  Α  Ψ
Ζ  Ρ  Β  Ω  Ν  Η  Σ  Χ  Τ  Γ  Σ  Ι  Ο  Ί
Μ  Ι  Ν  Τ  Γ  Σ  Ε  Ό  Ρ  Κ  Μ  Π  Ο  Ξ
Π  Κ  Ι  Ι  Κ  Η  Ι  Μ  Β  Τ  Έ  Χ  Ν  Η
Ο  Ή  Π  Κ  Ρ  Μ  Σ  Π  Σ  Ό  Ν  Τ  Μ  Λ
Λ  Γ  Σ  Ό  Μ  Ε  Ο  Ι  Α  Ο  Λ  Ψ  Ξ  Ί
Π  Ο  Δ  Ό  Σ  Φ  Α  Ι  Ρ  Ο  Α  Ε  Χ  Ω
Γ  Ι  Ί  Ζ  Ω  Γ  Ρ  Α  Φ  Ι  Κ  Ή  Ϊ  Ο
Ρ  Ε  Μ  Π  Ε  Ζ  Ο  Π  Ο  Ρ  Ί  Α  Ε  Σ
```

ΨΆΡΕΜΑ
ΜΠΈΙΖΜΠΟΛ
ΜΠΆΣΚΕΤ
ΜΠΟΞ
ΚΆΜΠΙΝΓΚ
ΧΑΛΑΡΩΤΙΚΌ
ΠΟΔΌΣΦΑΙΡΟ
ΚΗΠΟΥΡΙΚΉ
ΖΩΓΡΑΦΙΚΉ
ΓΚΟΛΦ

ΧΌΜΠΙ
ΤΈΧΝΗ
ΤΑΞΊΔΙ
ΚΟΛΎΜΒΗΣΗ
ΣΈΡΦΙΝΓΚ
ΚΑΤΑΔΎΣΕΙΣ
ΤΈΝΙΣ
ΒΌΛΕΪ
ΠΕΖΟΠΟΡΊΑ

85 - Formen

Γ	Ρ	Α	Μ	Μ	Ή	Κ	Έ	Ά	Β	Χ	Ί	Η	Π
Π	Ο	Π	Ξ	Π	Ω	Α	Λ	Κ	Ύ	Β	Ο	Σ	Ψ
Λ	Ρ	Υ	Ί	Π	Χ	Μ	Λ	Ρ	Ε	Ρ	Ο	Ι	Τ
Α	Θ	Ί	Ρ	Σ	Ο	Π	Ε	Η	Λ	Α	Ψ	Σ	Ι
Τ	Ο	Ρ	Σ	Χ	Ψ	Ύ	Ι	Σ	Φ	Α	Ί	Ρ	Α
Ε	Γ	Ο	Γ	Μ	Έ	Λ	Ψ	Ά	Σ	Μ	Α	Σ	Ε
Ί	Ώ	Σ	Δ	Σ	Α	Η	Η	Υ	Δ	Π	Β	Λ	Κ
Α	Ν	Τ	Ρ	Ι	Γ	Ώ	Ν	Ο	Υ	Έ	Ρ	Α	Ώ
Β	Ι	Ξ	Ε	Ί	Π	Ο	Λ	Ύ	Γ	Ω	Ν	Ο	Ν
Ο	Ο	Π	Υ	Ρ	Α	Μ	Ί	Δ	Α	Ω	Λ	Ω	Ο
Υ	Β	Υ	Π	Ε	Ρ	Β	Ο	Λ	Ή	Τ	Ν	Ο	Σ
Ε	Τ	Ά	Π	Λ	Ε	Υ	Ρ	Ά	Ρ	Ό	Λ	Ί	Ψ
Τ	Κ	Ύ	Λ	Ι	Ν	Δ	Ρ	Ο	Σ	Ξ	Σ	Ι	Α
Λ	Ι	Ε	Σ	Κ	Ύ	Κ	Λ	Ο	Σ	Ο	Ω	Γ	Ψ

ΤΌΞΟ	ΓΡΑΜΜΉ
ΤΡΙΓΏΝΟΥ	ΟΒΆΛ
ΓΩΝΊΑ	ΠΟΛΎΓΩΝΟ
ΈΛΛΕΙΨΗ	ΠΡΊΣΜΑ
ΥΠΕΡΒΟΛΉ	ΠΥΡΑΜΊΔΑ
ΆΚΡΗ	ΠΛΑΤΕΊΑ
ΚΏΝΟΣ	ΟΡΘΟΓΏΝΙΟ
ΚΎΚΛΟΣ	ΠΛΕΥΡΆ
ΣΦΑΊΡΑ	ΚΎΒΟΣ
ΚΑΜΠΎΛΗ	ΚΎΛΙΝΔΡΟΣ

86 - Adjektive #2

```
Α  Ί  Ψ  Ν  Υ  Δ  Ρ  Α  Μ  Α  Τ  Ι  Κ  Ή
Α  Ξ  Λ  Μ  Π  Α  Ρ  Α  Γ  Ω  Γ  Ι  Κ  Ή
Ν  Ε  Ω  Λ  Ε  Υ  Γ  Ι  Ή  Ά  Γ  Ρ  Ι  Ο
Έ  Ψ  Ε  Υ  Ρ  Κ  Ο  Μ  Ψ  Ό  Β  Γ  Β  Ι
Α  Ξ  Π  Ν  Ο  Φ  Υ  Σ  Ι  Κ  Ή  Υ  Έ  Έ
Ψ  Υ  Ο  Τ  Χ  Υ  Π  Ε  Ύ  Θ  Υ  Ν  Ο  Σ
Ι  Α  Θ  Δ  Η  Μ  Ι  Ο  Υ  Ρ  Γ  Ι  Κ  Ή
Σ  Λ  Β  Ε  Ν  Δ  Ι  Α  Φ  Έ  Ρ  Ο  Ν  Ε
Χ  Μ  Κ  Α  Ν  Ο  Ν  Ι  Κ  Ή  Ψ  Ι  Ψ  Λ
Υ  Υ  Λ  Λ  Π  Τ  Δ  Ι  Ά  Σ  Η  Μ  Η  Ψ
Ρ  Ρ  Β  Ρ  Ώ  Σ  Ι  Μ  Α  Σ  Ψ  Δ  Ψ  Γ
Ή  Ή  Α  Φ  Ρ  Έ  Σ  Κ  Ο  Υ  Λ  Ο  Ρ  Α
Β  Χ  Ψ  Λ  Μ  Χ  Υ  Ι  Ό  Λ  Λ  Χ  Γ  Ί
Π  Ε  Ρ  Ι  Γ  Ρ  Α  Φ  Ι  Κ  Ό  Μ  Υ  Υ
```

ΑΥΘΕΝΤΙΚΌ	ΦΥΣΙΚΉ
ΔΙΆΣΗΜΗ	ΝΈΑ
ΠΕΡΙΓΡΑΦΙΚΌ	ΚΑΝΟΝΙΚΉ
ΔΡΑΜΑΤΙΚΉ	ΠΑΡΑΓΩΓΙΚΉ
ΚΟΜΨΌ	ΑΛΜΥΡΉ
ΒΡΏΣΙΜΑ	ΙΣΧΥΡΉ
ΦΡΈΣΚΟ	ΥΠΕΡΟΧΗ
ΥΓΙΉ	ΥΠΕΎΘΥΝΟΣ
ΕΝΔΙΑΦΈΡΟΝ	ΆΓΡΙΟ
ΔΗΜΙΟΥΡΓΙΚΉ	

87 - Kleidung

```
Μ  Π  Λ  Ο  Ύ  Ζ  Α  Α  Λ  Δ  Έ  Σ  Α  Ι
Ι  Ο  Α  Κ  Α  Σ  Κ  Ό  Λ  Ω  Υ  Α  Δ  Ί
Α  Υ  Π  Ν  Ί  Ε  Β  Ε  Χ  Έ  Κ  Κ  Υ  Φ
Γ  Κ  Π  Α  Τ  Κ  Α  Π  Έ  Λ  Ο  Ά  Ξ  Ό
Ά  Ά  Ι  Ι  Π  Ε  Ο  Δ  Ι  Ρ  Λ  Κ  Λ  Ρ
Ν  Μ  Τ  Β  Ν  Ο  Λ  Σ  Γ  Ν  Ι  Ι  Ξ  Ε
Τ  Ι  Ζ  Ώ  Ν  Η  Ύ  Ό  Μ  Η  Έ  Γ  Π  Μ
Ι  Σ  Ά  Π  Ν  Η  Τ  Τ  Ν  Ή  Μ  Ό  Δ  Α
Α  Ο  Μ  Γ  Ρ  Έ  Ψ  Ζ  Σ  Ι  Μ  Π  Ι  Γ
Χ  Π  Α  Λ  Τ  Ό  Έ  Ι  Ω  Ι  Ω  Α  Τ  Ι
Υ  Β  Σ  Λ  Τ  Ρ  Ο  Ν  Ξ  Ξ  Ε  Λ  Τ  Υ
Ε  Λ  Υ  Φ  Ο  Ύ  Σ  Τ  Α  Τ  Ί  Ι  Ρ  Α
Ι  Μ  Β  Ρ  Α  Χ  Ι  Ό  Λ  Ι  Τ  Ψ  Ω  Τ
Π  Ο  Δ  Ι  Ά  Π  Ο  Υ  Λ  Ό  Β  Ε  Ρ  Ξ
```

ΒΡΑΧΙΌΛΙ	ΦΌΡΕΜΑ
ΜΠΛΟΎΖΑ	ΠΑΛΤΌ
ΖΏΝΗ	ΜΌΔΑ
ΚΟΛΙΈ	ΠΟΥΛΌΒΕΡ
ΓΆΝΤΙΑ	ΦΟΎΣΤΑ
ΠΟΥΚΆΜΙΣΟ	ΚΑΣΚΌΛ
ΠΑΝΤΕΛΌΝΙ	ΠΙΤΖΆΜΑ
ΚΑΠΈΛΟ	ΚΟΣΜΉΜΑΤΑ
ΣΑΚΆΚΙ	ΠΑΠΟΎΤΣΙ
ΤΖΙΝ	ΠΟΔΙΆ

88 - Sommer

```
Κ  Μ  Π  Ι  Ο  Ρ  Β  Χ  Π  Β  Ν  Μ  Ο  Χ
Α  Έ  Κ  Ά  Μ  Π  Ι  Ν  Γ  Κ  Π  Ρ  Ι  Φ
Τ  Π  Χ  Ρ  Δ  Η  Β  Δ  Σ  Γ  Ν  Σ  Κ  Ί
Α  Τ  Α  Ο  Χ  Α  Λ  Ά  Ρ  Ω  Σ  Η  Ο  Λ
Δ  Α  Ρ  Ι  Κ  Ξ  Ι  Π  Ξ  Β  Ι  Δ  Γ  Ο
Ύ  Ξ  Ά  Θ  Χ  Ή  Α  Η  Ψ  Σ  Β  Ι  Έ  Ι
Σ  Ί  Γ  Τ  Ά  Ν  Π  Δ  Α  Α  Η  Α  Ν  Ο
Ε  Δ  Ω  Ρ  Λ  Λ  Ί  Ο  Γ  Β  Έ  Κ  Ε  Η
Ι  Ι  Ψ  Ο  Δ  Ψ  Α  Δ  Σ  Τ  Ξ  Ο  Ι  Ψ
Σ  Α  Ξ  Φ  Μ  Ο  Υ  Σ  Ι  Κ  Ή  Π  Α  Ρ
Έ  Α  Σ  Ή  Ψ  Π  Τ  Σ  Σ  Α  Α  Έ  Α  Ι
Χ  Σ  Σ  Α  Ν  Δ  Ά  Λ  Ι  Α  Α  Σ  Π  Π
Α  Ν  Α  Ψ  Υ  Χ  Ή  Π  Α  Ρ  Α  Λ  Ί  Α
Α  Σ  Τ  Έ  Ρ  Ι  Α  Ξ  Ξ  Ψ  Χ  Δ  Η  Ω
```

ΒΙΒΛΙΑ	ΘΆΛΑΣΣΑ
ΚΆΜΠΙΝΓΚ	ΜΟΥΣΙΚΉ
ΧΑΛΆΡΩΣΗ	ΤΑΞΊΔΙ
ΤΡΟΦΉ	ΣΑΝΔΆΛΙΑ
ΟΙΚΟΓΈΝΕΙΑ	ΠΑΙΧΝΊΔΙΑ
ΑΝΑΨΥΧΉ	ΑΣΤΈΡΙΑ
ΧΑΡΆ	ΠΑΡΑΛΊΑ
ΦΊΛΟΙ	ΚΑΤΑΔΎΣΕΙΣ
ΚΉΠΟΣ	ΔΙΑΚΟΠΈΣ

89 - Farben

```
Α  Υ  Σ  Μ  Σ  Ρ  Ξ  Η  Ρ  Μ  Π  Λ  Ε  Δ
Υ  Χ  Ο  Φ  Μ  Π  Ε  Ζ  Η  Ο  Ρ  Η  Ο  Ω
Π  Ο  Ρ  Τ  Ο  Κ  Ά  Λ  Ι  Χ  Ά  Υ  Γ  Ψ
Ν  Β  Ί  Ο  Β  Ύ  Λ  Ο  Ω  Α  Σ  Δ  Ο  Ε
Σ  Υ  Ι  Ι  Ψ  Σ  Ξ  Ι  Ρ  Σ  Ι  Υ  Ε  Λ
Κ  Ρ  Ε  Ο  Έ  Β  Υ  Ι  Λ  Η  Ν  Ι  Ο  Ξ
Γ  Ό  Γ  Ω  Λ  Μ  Μ  Π  Α  Ν  Ο  Ί  Ι  Ν
Α  Ω  Κ  Σ  Ρ  Ε  Π  Η  Ε  Υ  Κ  Λ  Ξ  Λ
Λ  Ρ  Ρ  Κ  Ι  Ξ  Τ  Γ  Κ  Ω  Ί  Ο  Ξ  Έ
Ά  Μ  Ι  Σ  Ι  Ψ  Ι  Ί  Α  Έ  Τ  Υ  Ρ  Έ
Ζ  Ί  Κ  Υ  Α  Ν  Ό  Δ  Φ  Ο  Ρ  Λ  Σ  Γ
Ι  Ω  Μ  Α  Ύ  Ρ  Ο  Σ  Έ  Π  Ι  Α  Μ  Ί
Ο  Β  Ψ  Ψ  Λ  Ε  Υ  Κ  Ό  Έ  Ν  Κ  Μ  Έ
Ί  Ρ  Ο  Ζ  Η  Μ  Υ  Έ  Δ  Τ  Ο  Ί  Ω  Ί
```

ΓΑΛΆΖΙΟ	ΜΟΒ
ΜΠΕΖ	ΠΟΡΤΟΚΆΛΙ
ΜΠΛΕ	ΡΟΖ
ΚΑΦΈ	ΚΌΚΚΙΝΟ
ΦΟΎΞΙΑ	ΜΑΎΡΟ
ΚΊΤΡΙΝΟ	ΣΈΠΙΑ
ΓΚΡΙ	ΒΙΟΛΕΤΊ
ΠΡΆΣΙΝΟ	ΛΕΥΚΌ
ΛΟΥΛΑΚΊ	ΚΥΑΝΌ

90 - Haus

```
Υ Π Ν Ο Δ Ω Μ Ά Τ Ι Ο Ι Κ Δ
Π Σ Τ Έ Γ Η Η Δ Μ Ν Γ Σ Ο Ω
Ψ Α Κ Α Μ Ι Ν Ά Δ Α Κ Ξ Υ Μ
Έ Δ Ρ Ο Έ Έ Π Ι Π Λ Α Μ Ζ Ά
Ψ Γ Ρ Ά Ύ Τ Ί Ό Π Ω Ρ Ρ Ί Τ
Υ Α Γ Λ Θ Π Μ Τ Ρ Π Ά Ο Ν Ι
Ί Η Ε Ρ Ψ Υ Α Σ Π Τ Ζ Λ Α Ο
Τ Α Β Ά Ν Ι Ρ Σ Ο Μ Α Ά Ω Φ
Ξ Β Ω Ί Α Ν Τ Ο Υ Σ Α Μ Ι Ρ
Κ Μ Κ Α Θ Ρ Ε Φ Τ Η Σ Π Μ Α
Ή Τ Ο Ί Χ Ο Σ Ί Ζ Έ Έ Α Α Κ
Π Χ Π Τ Τ Α Τ Τ Ά Ψ Α Ω Τ Τ
Ο Ψ Α Τ Ο Ε Υ Α Κ Β Ο Ρ Γ Η
Σ Λ Ψ Ν Ν Α Α Ω Ι Π Β Ω Λ Σ
```

ΣΚΟΎΠΑ	ΛΆΜΠΑ
ΣΤΈΓΗ	ΈΠΙΠΛΑ
ΣΟΦΊΤΑ	ΥΠΝΟΔΩΜΆΤΙΟ
ΤΑΒΆΝΙ	ΚΑΜΙΝΆΔΑ
ΝΤΟΥΣ	ΚΑΘΡΕΦΤΗΣ
ΠΑΡΆΘΥΡΟ	ΠΌΡΤΑ
ΓΚΑΡΆΖ	ΤΟΊΧΟΣ
ΚΉΠΟΣ	ΦΡΑΚΤΗΣ
ΤΖΆΚΙ	ΔΩΜΆΤΙΟ
ΚΟΥΖΊΝΑ	

91 - Bauernhof #1

```
Σ  Ξ  Σ  Α  Ν  Ό  Γ  Ε  Ω  Ρ  Γ  Ί  Α  Π
Χ  Κ  Μ  Έ  Λ  Ι  Μ  Ν  Η  Γ  Α  Η  Γ  Ε
Κ  Β  Ύ  Ι  Π  Τ  Ο  Ε  Ν  Ά  Ϊ  Γ  Ε  Δ
Ο  Ο  Μ  Λ  Σ  Ο  Σ  Ρ  Φ  Τ  Δ  Ο  Λ  Ί
Ρ  Γ  Τ  Δ  Ο  Σ  Χ  Ό  Ρ  Α  Ο  Υ  Ά  Ο
Ά  Α  Ν  Ό  Ξ  Σ  Ά  Σ  Α  Η  Ύ  Ρ  Δ  Ρ
Κ  Ρ  Λ  Ί  Π  Ν  Ρ  Γ  Κ  Ξ  Ρ  Ο  Α  Δ
Ι  Υ  Η  Ρ  Ρ  Ο  Ι  Ν  Τ  Δ  Ι  Ύ  Μ  Γ
Γ  Έ  Β  Ο  Ξ  Ψ  Υ  Ά  Η  Τ  Α  Ν  Μ  Ί
Γ  Ί  Δ  Α  Έ  Ί  Ξ  Λ  Σ  Ρ  Έ  Ι  Α  Τ
Σ  Ε  Ο  Γ  Ρ  Ω  Έ  Ο  Ο  Ύ  Α  Π  Π  Ν
Μ  Έ  Λ  Ι  Σ  Σ  Α  Γ  Τ  Ζ  Η  Ρ  Τ  Ν
Λ  Ί  Π  Α  Σ  Μ  Α  Ο  Χ  Ι  Χ  Ο  Β  Μ
Ε  Μ  Μ  Έ  Ψ  Μ  Ί  Χ  Τ  Ρ  Ξ  Α  Έ  Ξ
```

ΜΈΛΙΣΣΑ	ΚΟΡΆΚΙ
ΛΊΠΑΣΜΑ	ΑΓΕΛΆΔΑ
ΓΑΪΔΟΎΡΙ	ΓΗ
ΠΕΔΊΟ	ΓΕΩΡΓΊΑ
ΣΑΝΌ	ΆΛΟΓΟ
ΜΈΛΙ	ΡΎΖΙ
ΚΟΤΌΠΟΥΛΟ	ΓΟΥΡΟΎΝΙ
ΣΚΎΛΟΣ	ΝΕΡΌ
ΜΟΣΧΆΡΙ	ΦΡΑΚΤΗΣ
ΓΆΤΑ	ΓΪΔΑ

92 - Berufe #1

```
Χ  Κ  Τ  Η  Ν  Ί  Α  Τ  Ρ  Ο  Σ  Δ  Π  Τ
Χ  Α  Ρ  Τ  Ο  Γ  Ρ  Ά  Φ  Ο  Σ  Ι  Ρ  Ρ
Ψ  Λ  Ο  Γ  Ι  Σ  Τ  Ή  Σ  Λ  Γ  Δ  Ο  Α
Υ  Λ  Π  Ρ  Έ  Σ  Β  Η  Σ  Γ  Ε  Ά  Σ  Π
Χ  Ι  Π  Ρ  Ψ  Γ  Ε  Ρ  Ρ  Ψ  Ω  Κ  Α  Ε
Ο  Τ  Χ  Ο  Ρ  Ε  Υ  Τ  Ή  Σ  Λ  Τ  Ρ  Ζ
Λ  Έ  Ν  Ε  Ο  Δ  Μ  Η  Ο  Σ  Ό  Ω  Μ  Ί
Ό  Χ  Ν  Ο  Σ  Ο  Κ  Ό  Μ  Α  Γ  Ρ  Ο  Τ
Γ  Ν  Ο  Δ  Ι  Κ  Η  Γ  Ό  Ρ  Ο  Σ  Σ  Η
Ο  Η  Π  Ι  Α  Ν  Ί  Σ  Τ  Α  Σ  Χ  Μ  Σ
Σ  Σ  Υ  Δ  Ρ  Α  Υ  Λ  Ι  Κ  Ό  Σ  Έ  Ν
Α  Σ  Τ  Ρ  Ο  Ν  Ό  Μ  Ο  Σ  Ξ  Ί  Ν  Β
Χ  Ί  Ω  Κ  Υ  Ν  Η  Γ  Ό  Σ  Γ  Π  Α  Ρ
Μ  Ο  Υ  Σ  Ι  Κ  Ό  Σ  Γ  Μ  Ν  Ε  Τ  Ν
```

ΔΙΔΆΚΤΩΡ	ΝΟΣΟΚΌΜΑ
ΑΣΤΡΟΝΌΜΟΣ	ΚΑΛΛΙΤΈΧΝΗΣ
ΤΡΑΠΕΖΊΤΗΣ	ΜΟΥΣΙΚΌΣ
ΠΡΈΣΒΗΣ	ΠΙΑΝΊΣΤΑΣ
ΛΟΓΙΣΤΉΣ	ΨΥΧΟΛΌΓΟΣ
ΓΕΩΛΌΓΟΣ	ΔΙΚΗΓΌΡΟΣ
ΚΥΝΗΓΌΣ	ΠΡΟΣΑΡΜΟΣΜΈΝΑ
ΧΑΡΤΟΓΡΆΦΟΣ	ΧΟΡΕΥΤΉΣ
ΥΔΡΑΥΛΙΚΌΣ	ΚΤΗΝΊΑΤΡΟΣ

93 - Adjektive #1

```
Α  Α  Χ  Β  Ε  Π  Ο  Λ  Ύ  Τ  Ι  Μ  Α  Γ
Ρ  Ρ  Χ  Α  Υ  Π  Υ  Κ  Ε  Δ  Ψ  Χ  Γ  Ν
Ω  Γ  Μ  Ρ  Τ  Ε  Ρ  Α  Ό  Μ  Ο  Ρ  Φ  Η
Μ  Ή  Ο  Ι  Υ  Ί  Δ  Λ  Α  Η  Ί  Α  Ω  Β
Α  Ω  Χ  Ά  Χ  Α  Δ  Λ  Η  Θ  Ξ  Μ  Χ  Α
Τ  Έ  Λ  Ε  Ι  Ο  Ο  Ι  Ί  Λ  Ώ  Μ  Π  Θ
Ι  Γ  Ξ  Μ  Σ  Ί  Υ  Τ  Α  Έ  Υ  Ο  Τ  Ι
Κ  Ο  Ω  Ρ  Μ  Έ  Λ  Ε  Π  Τ  Ή  Ν  Σ  Ά
Ό  Ψ  Ω  Ο  Έ  Β  Ρ  Χ  Ό  Δ  Η  Τ  Κ  Π
Υ  Χ  Τ  Ρ  Ν  Δ  Π  Ν  Λ  Ν  Γ  Έ  Ο  Γ
Έ  Ν  Δ  Ψ  Ο  Α  Ξ  Ι  Υ  Π  Σ  Ρ  Ύ  Π
Σ  Ο  Β  Α  Ρ  Ή  Έ  Κ  Τ  Σ  Γ  Ν  Ρ  Γ
Ε  Ν  Ε  Ρ  Γ  Ή  Γ  Ή  Η  Ω  Ξ  Ο  Ο  Υ
Μ  Ε  Λ  Κ  Υ  Σ  Τ  Ι  Κ  Ό  Η  Μ  Ψ  Ο
```

ΑΠΌΛΥΤΗ	ΚΑΛΛΙΤΕΧΝΙΚΉ
ΕΝΕΡΓΉ	ΑΡΓΉ
ΑΡΩΜΑΤΙΚΌ	ΜΟΝΤΈΡΝΟ
ΕΛΚΥΣΤΙΚΌ	ΤΈΛΕΙΟ
ΣΚΟΎΡΟ	ΌΜΟΡΦΗ
ΛΕΠΤΉ	ΒΑΡΙΆ
ΣΟΒΑΡΉ	ΒΑΘΙΆ
ΕΥΤΥΧΙΣΜΈΝΟ	ΑΘΏΟΣ
ΊΔΙΑ	ΠΟΛΎΤΙΜΑ

94 - Mathematik

Σ	Ο	Ξ	Ψ	Ε	Π	Ά	Θ	Ρ	Ο	Ι	Σ	Μ	Α
Ψ	Υ	Ρ	Ν	Ξ	Ο	Α	Κ	Τ	Ί	Ν	Α	Σ	Ί
Β	Γ	Μ	Θ	Μ	Η	Τ	Ρ	Ι	Γ	Ώ	Ν	Ο	Υ
Γ	Ω	Ε	Μ	Ο	Έ	Χ	Κ	Ά	Θ	Ε	Τ	Ο	Σ
Ε	Ν	Ω	Έ	Ε	Γ	Σ	Ι	Κ	Λ	Ά	Σ	Μ	Α
Ω	Ί	Ω	Π	Ω	Τ	Ώ	Ι	Υ	Ω	Λ	Ο	Ρ	Ω
Μ	Α	Υ	Η	Ί	Μ	Ρ	Ν	Ι	Γ	Χ	Η	Τ	Ο
Ε	Κ	Θ	Έ	Τ	Η	Γ	Ί	Ι	Δ	Ω	Λ	Λ	Ε
Τ	Δ	Ι	Σ	Φ	Α	Ί	Ρ	Α	Ο	Ρ	Α	Ψ	Η
Ρ	Μ	Π	Υ	Λ	Δ	Ε	Κ	Α	Δ	Ι	Κ	Ό	Α
Ί	Π	Ε	Ρ	Ι	Φ	Έ	Ρ	Ε	Ι	Α	Μ	Α	Ν
Α	Ρ	Ι	Θ	Μ	Η	Τ	Ι	Κ	Ή	Ω	Ν	Ί	Ψ
Δ	Ι	Ά	Μ	Ε	Τ	Ρ	Ο	Σ	Υ	Λ	Ο	Μ	Ν
Έ	Ν	Τ	Α	Σ	Η	Π	Ο	Λ	Ύ	Γ	Ω	Ν	Ο

ΑΡΙΘΜΗΤΙΚΉ
ΚΛΆΣΜΑ
ΔΕΚΑΔΙΚΌ
ΤΡΙΓΏΝΟΥ
ΔΙΆΜΕΤΡΟΣ
ΕΚΘΈΤΗ
ΓΕΩΜΕΤΡΊΑ
ΣΦΑΊΡΑ
ΠΑΡΆΛΛΗΛΗ

ΠΟΛΎΓΩΝΟ
ΑΚΤΊΝΑ
ΟΡΘΟΓΏΝΙΟ
ΚΆΘΕΤΟΣ
ΆΘΡΟΙΣΜΑ
ΣΥΜΜΕΤΡΊΑ
ΠΕΡΙΦΈΡΕΙΑ
ΈΝΤΑΣΗ
ΓΩΝΊΑ

95 - Messungen

```
Τ  Ν  Ι  Τ  Γ  Ρ  Α  Μ  Μ  Ά  Ρ  Ι  Ο  Υ
Ε  Ό  Έ  Ν  Β  Ξ  Τ  Ο  Ή  Ι  Α  Γ  Χ  Ψ
Ω  Κ  Ν  Δ  Ε  Κ  Α  Δ  Ι  Κ  Ό  Σ  Ι  Ο
Ν  Β  Α  Ο  Ψ  Α  Λ  Ί  Τ  Ρ  Ο  Β  Λ  Σ
Α  Ί  Ν  Τ  Σ  Α  Β  Α  Θ  Μ  Ό  Σ  Ι  Ρ
Υ  Υ  Ε  Η  Ο  Ο  Υ  Γ  Γ  Ι  Ά  Ψ  Ό  Μ
Λ  Ε  Π  Τ  Ό  Σ  Ν  Γ  Π  Ν  Ν  Η  Γ  Έ
Α  Μ  Ε  Η  Α  Ρ  Τ  Ν  Λ  Ι  Έ  Φ  Ρ  Τ
Έ  Ξ  Η  Ξ  Ξ  Λ  Ί  Ό  Ά  Ί  Ν  Ι  Α  Ρ
Ω  Υ  Τ  Ο  Ί  Λ  Μ  Β  Τ  Υ  Τ  Ο  Μ  Ο
Ξ  Η  Χ  Γ  Χ  Β  Ά  Θ  Ο  Σ  Α  Λ  Μ  Β
Ζ  Υ  Γ  Ί  Ζ  Ω  Ζ  Δ  Σ  Ρ  Σ  Ε  Ο  Γ
Ψ  Ε  Ξ  Β  Η  Λ  Α  Ρ  Ω  Η  Η  Ξ  Λ  Σ
Χ  Ι  Λ  Ι  Ό  Μ  Ε  Τ  Ρ  Ο  Ι  Η  Σ  Α
```

ΠΛΆΤΟΣ	ΛΊΤΡΟ
ΨΗΦΙΟΛΕΞΗ	ΜΆΖΑ
ΔΕΚΑΔΙΚΌ	ΜΈΤΡΟ
ΖΥΓΊΖΩ	ΛΕΠΤΌ
ΒΑΘΜΌΣ	ΒΆΘΟΣ
ΓΡΑΜΜΆΡΙΟ	ΤΌΝΟΣ
ΥΨΟΣ	ΟΥΓΓΊΑ
ΧΙΛΙΌΓΡΑΜΜΟ	ΈΝΤΑΣΗ
ΧΙΛΙΌΜΕΤΡΟ	ΕΚΑΤΟΣΤΌ
ΜΉΚΟΣ	ΊΝΤΣΑ

96 - Schlösser

```
Φ Π Α Λ Ά Τ Ι Λ Δ Ι Α Δ Π Κ
Ε Ρ Υ Ν Τ Ά Δ Π Υ Π Σ Ρ Α Α
Ο Ί Τ Ά Ο Φ Π Ρ Ν Π Π Ά Ν Τ
Υ Γ Ο Λ Ί Ρ Γ Ι Α Ό Ί Κ Ο Α
Δ Κ Κ Ο Χ Ο Ε Γ Σ Τ Δ Ο Π Π
Α Ι Ρ Γ Ο Σ Υ Κ Τ Η Α Σ Λ Έ
Ρ Π Α Ο Σ Ι Γ Ί Ε Σ Υ Μ Ί Λ
Χ Α Τ Π Π Έ Ε Π Ί Π Ω Β Α Τ
Ι Σ Ο Π Η Δ Ν Ι Α Ε Τ Σ Λ Η
Κ Ν Ρ Δ Ύ Ν Ή Σ Τ Έ Μ Μ Α Σ
Ή Ω Ί Ι Ω Ρ Σ Σ Ρ Έ Σ Η Ν Ο
Ο Ί Α Η Ν Α Γ Α Σ Π Α Θ Ί Έ
Φ Ρ Ο Ύ Ρ Ι Ο Ο Ω Ί Ί Ι Γ Π
Β Α Σ Ί Λ Ε Ι Ο Σ Έ Ί Ε Ι Τ
```

ΔΡΆΚΟΣ	ΆΛΟΓΟ
ΔΥΝΑΣΤΕΊΑ	ΠΡΊΓΚΙΠΑΣ
ΕΥΓΕΝΉΣ	ΠΡΙΓΚΊΠΙΣΣΑ
ΦΡΟΎΡΙΟ	ΑΥΤΟΚΡΑΤΟΡΊΑ
ΦΕΟΥΔΑΡΧΙΚΉ	ΙΠΠΌΤΗΣ
ΤΆΦΡΟΣ	ΠΑΝΟΠΛΊΑ
ΚΑΤΑΠΈΛΤΗΣ	ΑΣΠΊΔΑ
ΒΑΣΊΛΕΙΟ	ΣΠΑΘΊ
ΣΤΈΜΜΑ	ΠΎΡΓΟΣ
ΠΑΛΆΤΙ	ΤΟΊΧΟΣ

97 - Bauernhof #2

```
Β  Φ  Λ  Ά  Μ  Α  Ζ  Ά  Δ  Ψ  Ε  Ο  Α  Τ
Π  Ρ  Ό  Β  Α  Τ  Ο  Ώ  Ρ  Ν  Ν  Μ  Ω  Ο
Ι  Ο  Έ  Ι  Π  Ά  Π  Ι  Α  Δ  Π  Ω  Ν  Ω
Φ  Ύ  Δ  Ε  Δ  Ρ  Ε  Α  Τ  Ε  Έ  Ι  Υ
Υ  Τ  Ν  Λ  Α  Ξ  Ε  Γ  Ν  Ρ  Β  Υ  Π  Ε
Τ  Ο  Τ  Σ  Α  Υ  Χ  Τ  Ί  Α  Ο  Α  Σ  Ί
Ό  Λ  Ω  Γ  Κ  Χ  Ε  Ρ  Π  Κ  Σ  Γ  Ί  Η
Σ  Ι  Τ  Ά  Ρ  Ι  Υ  Χ  Β  Τ  Κ  Ρ  Ξ  Γ
Ν  Β  Λ  Λ  Ι  Π  Σ  Ρ  Β  Έ  Ό  Ο  Ξ  Η
Ν  Ά  Ψ  Α  Θ  Υ  Π  Ω  Ώ  Ρ  Σ  Τ  Β  Τ
Ρ  Δ  Ρ  Υ  Ά  Γ  Υ  Σ  Έ  Ν  Ο  Η  Μ  Έ
Υ  Ι  Δ  Β  Ρ  Ν  Ί  Σ  Χ  Η  Α  Σ  Ε  Π
Ί  Δ  Σ  Μ  Ι  Π  Ε  Ρ  Ι  Β  Ό  Λ  Ι  Υ
Β  Ξ  Ψ  Δ  Έ  Υ  Ψ  Κ  Υ  Ψ  Έ  Λ  Η  Ν
```

ΑΓΡΟΤΗΣ
ΆΡΔΕΥΣΗ
ΚΥΨΈΛΗ
ΠΆΠΙΑ
ΦΡΟΎΤΟ
ΦΥΤΌ
ΚΡΙΘΆΡΙ
ΛΆΜΑ
ΑΡΝΊ

ΓΆΛΑ
ΠΕΡΙΒΌΛΙ
ΠΡΌΒΑΤΟ
ΒΟΣΚΌΣ
ΑΧΥΡΏΝΑ
ΖΏΑ
ΤΡΑΚΤΈΡ
ΣΙΤΆΡΙ
ΛΙΒΆΔΙ

98 - Berufe #2

```
Ε  Γ  Ε  Ε  Φ  Ε  Υ  Ρ  Έ  Τ  Η  Σ  Χ  Φ
Ν  Ι  Δ  Ά  Σ  Κ  Α  Λ  Ο  Σ  Γ  Α  Ε  Ι
Ε  Ο  Κ  Ω  Η  Σ  Χ  Α  Β  Ί  Λ  Σ  Ι  Λ
Φ  Ω  Τ  Ο  Γ  Ρ  Ά  Φ  Ο  Σ  Ω  Τ  Ρ  Ό
Κ  Μ  Τ  Ί  Ν  Τ  Λ  Ζ  Υ  Υ  Σ  Ρ  Ο  Σ
Β  Η  Ν  Σ  Τ  Ο  Η  Ω  Δ  Έ  Σ  Ο  Υ  Ο
Ι  Χ  Π  Ξ  Μ  Μ  Γ  Γ  Ι  Χ  Ο  Ν  Ρ  Φ
Ο  Α  Χ  Ο  Γ  Α  Τ  Ρ  Ξ  Ί  Λ  Α  Γ  Ο
Λ  Ν  Τ  Π  Υ  Ω  Έ  Ά  Χ  Ό  Ύ  Ό  Σ
Ό  Ι  Β  Ρ  Υ  Ρ  Ρ  Φ  Π  Φ  Γ  Τ  Σ  Σ
Γ  Κ  Ξ  Ι  Ο  Ρ  Ό  Ο  Ψ  Υ  Ο  Η  Ι  Ί
Ο  Ό  Λ  Ε  Ω  Σ  Ρ  Σ  Η  Ε  Σ  Σ  Ο  Ο
Σ  Σ  Ι  Π  Ι  Λ  Ο  Τ  Ι  Κ  Ή  Ο  Ω  Γ
Ν  Τ  Ε  Τ  Έ  Κ  Τ  Ι  Β  Ω  Ο  Γ  Γ  Η
```

ΙΑΤΡΟΣ   ΕΙΚΟΝΟΓΡΆΦΟΣ
ΑΣΤΡΟΝΑΎΤΗΣ   ΜΗΧΑΝΙΚΌΣ
ΒΙΟΛΌΓΟΣ   ΔΆΣΚΑΛΟΣ
ΧΕΙΡΟΥΡΓΌΣ   ΓΛΩΣΣΟΛΌΓΟΣ
ΝΤΕΤΈΚΤΙΒ   ΖΩΓΡΆΦΟΣ
ΕΦΕΥΡΈΤΗΣ   ΦΙΛΌΣΟΦΟΣ
ΦΩΤΟΓΡΆΦΟΣ   ΠΙΛΟΤΙΚΉ
ΚΗΠΟΥΡΌΣ

99 - Erforschung

Τ	Λ	Ω	Η	Π	Δ	Τ	Ο	Τ	Ί	Α	Υ	Κ	Έ
Ε	Π	Ι	Κ	Ί	Ν	Δ	Υ	Ν	Η	Ν	Υ	Ο	Δ
Έ	Ί	Β	Η	Δ	Ο	Ρ	Ν	Έ	Α	Α	Ι	Υ	Α
Ε	Γ	Η	Ν	Ο	Η	Α	Χ	Β	Η	Κ	Έ	Ρ	Φ
Π	Ο	Λ	Ι	Τ	Ι	Σ	Μ	Ώ	Ν	Ά	Μ	Ά	Ο
Ζ	Χ	Ξ	Ά	Ψ	Γ	Τ	Τ	Μ	Δ	Λ	Α	Γ	Σ
Τ	Ώ	Ώ	Γ	Ξ	Έ	Η	Α	Μ	Ά	Υ	Κ	Ι	Ί
Α	Γ	Α	Ρ	Π	Ί	Ρ	Σ	Ί	Γ	Ψ	Ρ	Ο	Γ
Ξ	Υ	Σ	Ι	Ο	Ι	Ι	Ω	Γ	Ν	Η	Ι	Χ	Λ
Ί	Ξ	Δ	Ο	Σ	Σ	Ό	Ξ	Ω	Ω	Ν	Ν	Μ	Ώ
Δ	Ω	Ε	Ξ	Ά	Ν	Τ	Λ	Η	Σ	Η	Ό	Ί	Σ
Ι	Ν	Ξ	Ψ	Ι	Ω	Η	Ι	Β	Τ	Ε	Ί	Ο	Σ
Ν	Λ	Ι	Ο	Ρ	Α	Τ	Β	Η	Ο	Λ	Γ	Ε	Α
Η	Ι	Π	Ι	Έ	Γ	Α	Ρ	Ν	Σ	Δ	Γ	Γ	Σ

ΔΡΑΣΤΗΡΙΌΤΗΤΑ   ΝΈΑ
ΑΝΑΚΆΛΥΨΗ   ΧΏΡΟΣ
ΕΞΆΝΤΛΗΣΗ   ΤΑΞΊΔΙ
ΜΑΚΡΙΝΌ   ΓΛΏΣΣΑ
ΕΠΙΚΊΝΔΥΝΗ   ΖΏΑ
ΈΔΑΦΟΣ   ΆΓΝΩΣΤΟΣ
ΠΟΛΙΤΙΣΜΏΝ   ΆΓΡΙΟ
ΚΟΥΡΆΓΙΟ

100 - Wetter

Κ	Ρ	Λ	Μ	Ο	Υ	Σ	Ώ	Ν	Α	Σ	Τ	Ο	Π
Ξ	Λ	Η	Τ	Υ	Δ	Υ	Γ	Α	Ξ	Η	Ρ	Ό	Ο
Ο	Η	Ί	Σ	Ε	Α	Χ	Ξ	Π	Τ	Ρ	Ο	Σ	Λ
Υ	Ι	Α	Μ	Μ	Τ	Σ	Ω	Ξ	Ι	Ε	Π	Ύ	Ι
Ρ	Λ	Δ	Έ	Α	Ρ	Ί	Τ	Η	Λ	Μ	Ι	Ν	Κ
Α	Τ	Μ	Ό	Σ	Φ	Α	Ι	Ρ	Α	Ί	Κ	Ν	Ή
Ν	Δ	Σ	Ψ	Π	Ω	Δ	Π	Α	Α	Α	Ή	Ε	Ξ
Ό	Ι	Ρ	Β	Β	Ε	Υ	Χ	Σ	Γ	Π	Ξ	Φ	Ά
Σ	Ε	Κ	Α	Τ	Α	Ι	Γ	Ί	Δ	Α	Ή	Ο	Ν
Ε	Θ	Ε	Ρ	Μ	Ο	Κ	Ρ	Α	Σ	Ί	Α	Ρ	Ε
Π	Ά	Γ	Ο	Σ	Ι	Έ	Ο	Μ	Ί	Χ	Λ	Η	Μ
Χ	Ι	Ο	Υ	Ρ	Ι	Κ	Α	Ν	Α	Σ	Υ	Χ	Ο
Η	Α	Ε	Ρ	Ά	Κ	Ι	Λ	Ξ	Μ	Δ	Τ	Π	Σ
Ψ	Ι	Β	Ρ	Ο	Ν	Τ	Ή	Ξ	Ν	Ξ	Γ	Ψ	Β

ΑΤΜΌΣΦΑΙΡΑ
ΑΣΤΡΑΠΉ
ΑΕΡΆΚΙ
ΒΡΟΝΤΉ
ΞΗΡΑΣΊΑ
ΠΆΓΟΣ
ΟΥΡΑΝΌΣ
ΧΙΟΥΡΙΚΑΝΑΣ
ΚΛΊΜΑ
ΜΟΥΣΏΝΑΣ

ΟΜΊΧΛΗ
ΠΟΛΙΚΉ
ΗΡΕΜΊΑ
ΚΑΤΑΙΓΊΔΑ
ΘΕΡΜΟΚΡΑΣΊΑ
ΞΗΡΌ
ΤΡΟΠΙΚΉ
ΆΝΕΜΟΣ
ΣΎΝΝΕΦΟ

1 - Ozean

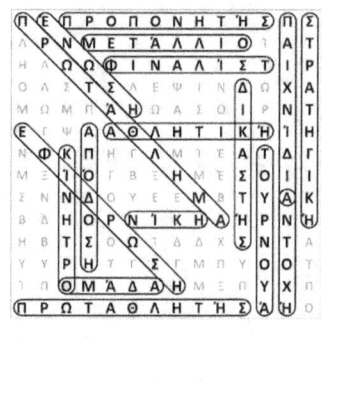

2 - Schule #1

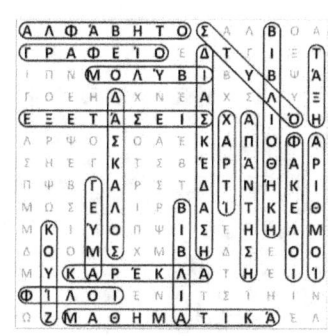

3 - Meditation

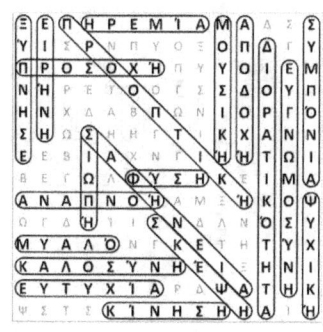

4 - Meisterschaft

5 - Insekten

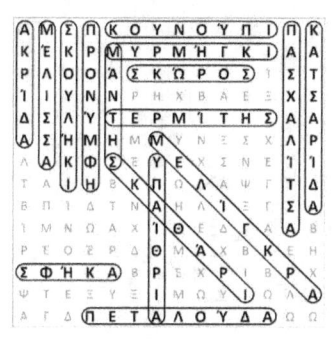

6 - Dinosaurier

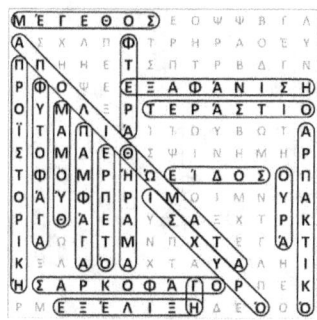

7 - Obst

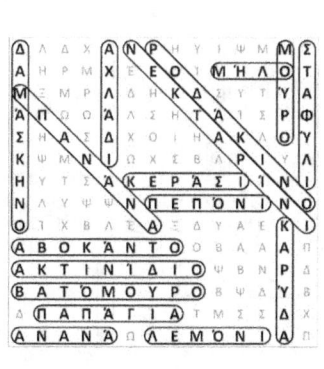

8 - Schule #2

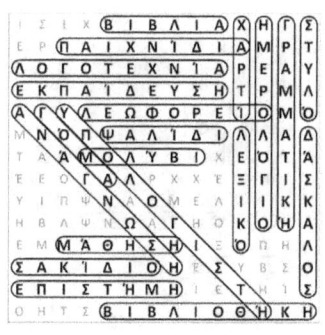

9 - Spielzeuge

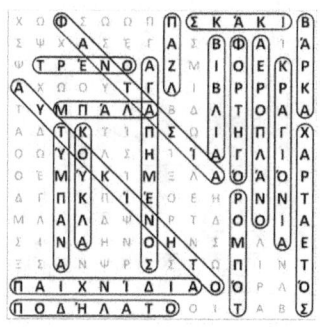

10 - Komödie

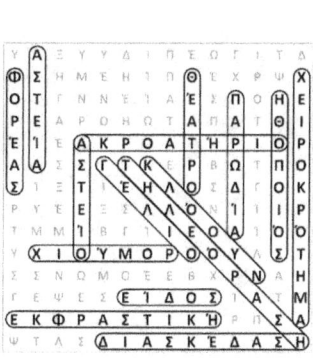

11 - Camping

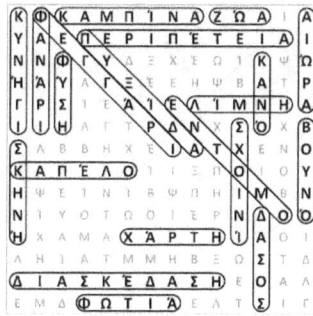

12 - Zeit

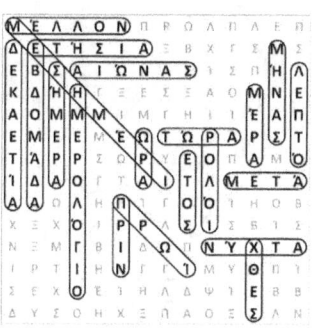

13 - Säugetiere

14 - Astronomie

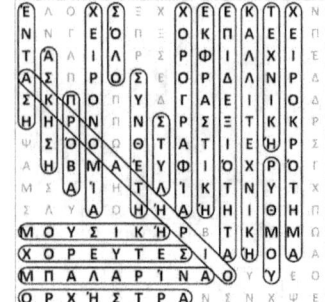

15 - Ballett

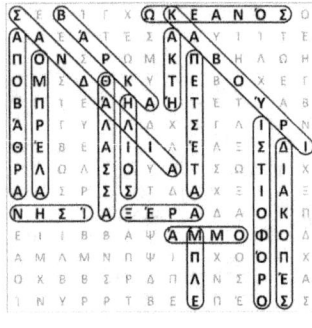

16 - Strand

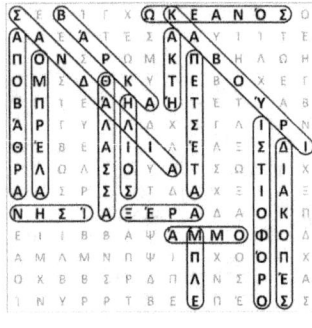

17 - Restaurant #1

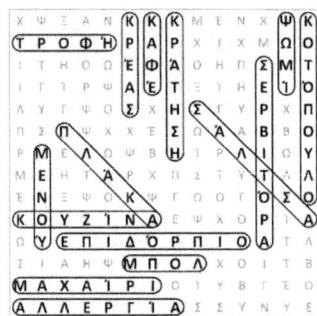

18 - Geologie

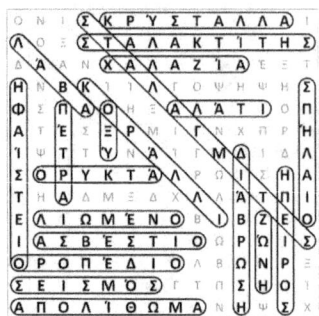

19 - Wissenschaft

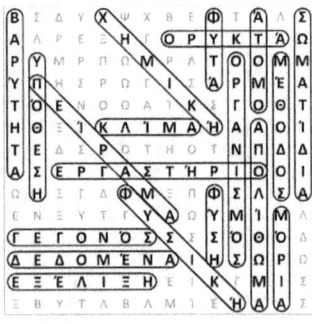

20 - Bildende Kunst

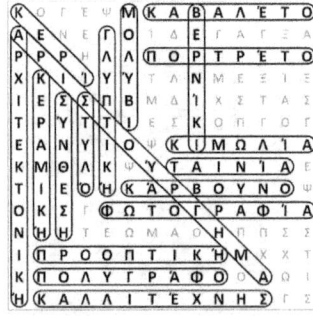

21 - Sport

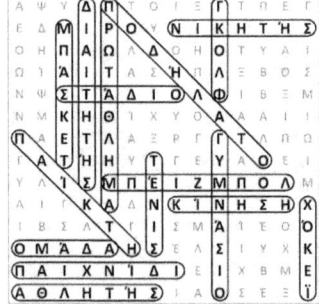

22 - Mythologie

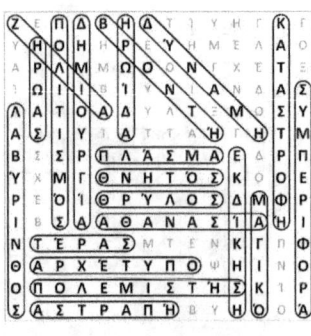

23 - Restaurant #2

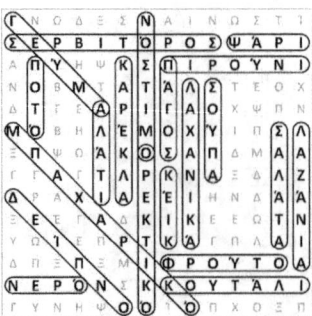

24 - Ökologie

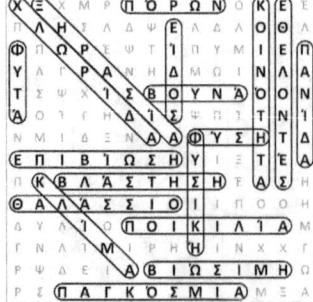

25 - Schokolade

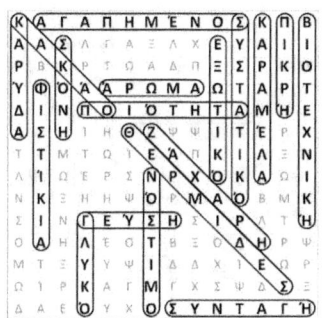

26 - Boote

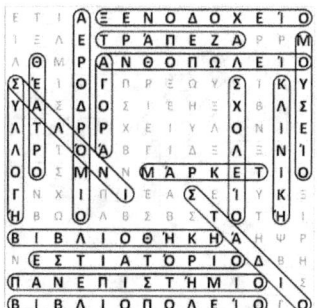

27 - Stadt

28 - Aktivitäten

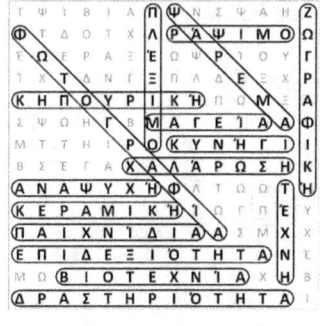

29 - Bienen

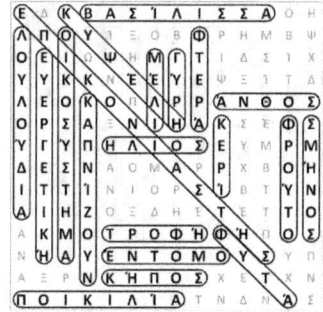

30 - Wissenschaftliche

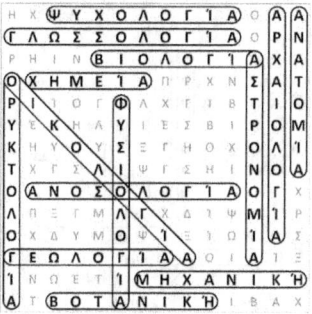

31 - Vögel

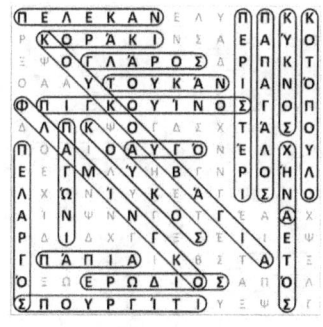

32 - Garten

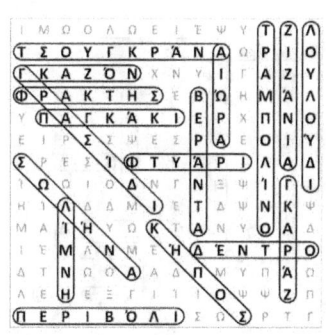

33 - Antarktis

34 - Fahren

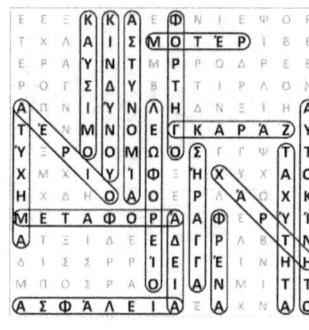

35 - Bücher

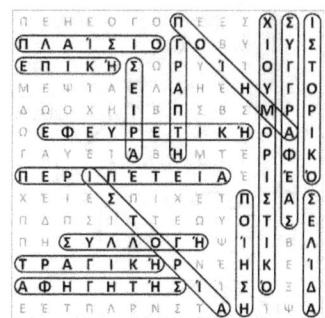

36 - Menschlicher Körper

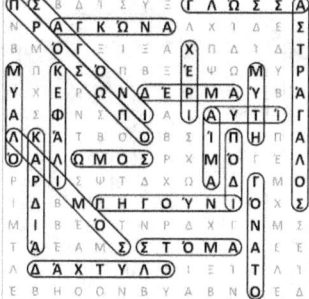

37 - Klettern

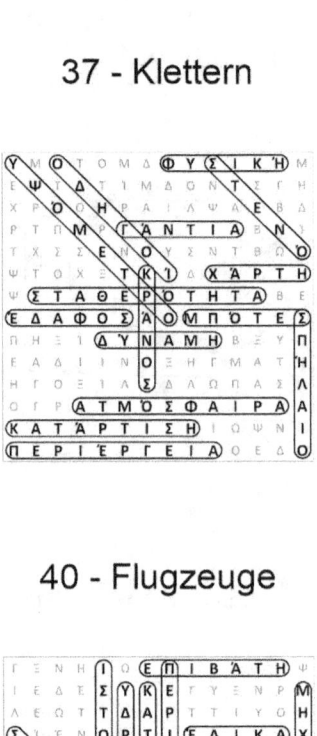

38 - Landschaften

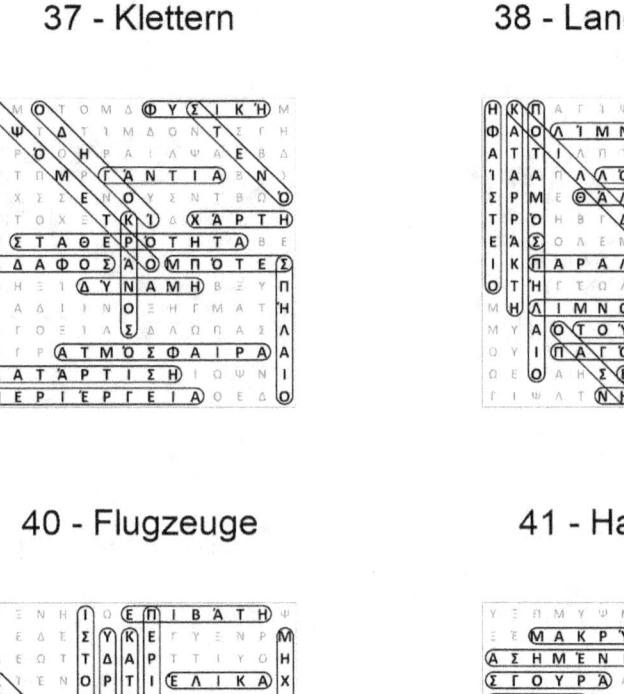

39 - Abenteuer

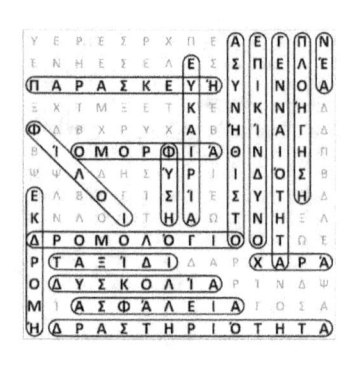

40 - Flugzeuge

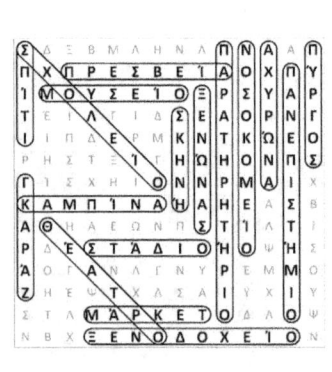

41 - Haartypen

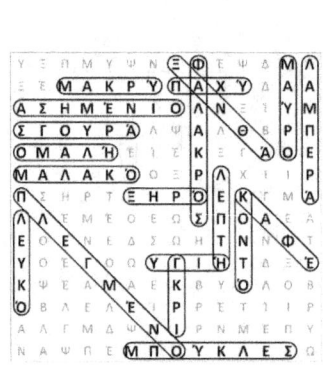

42 - Essen #1

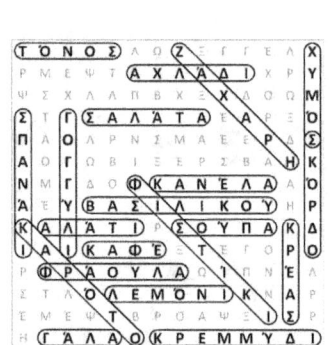

43 - Gebäude

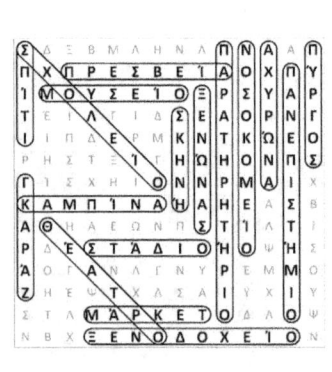

44 - Angeln

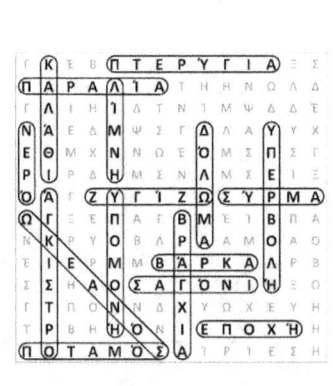

45 - Regenwald

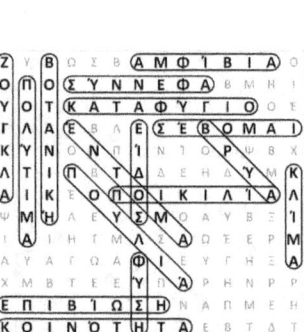

46 - Essen #2

47 - Familie

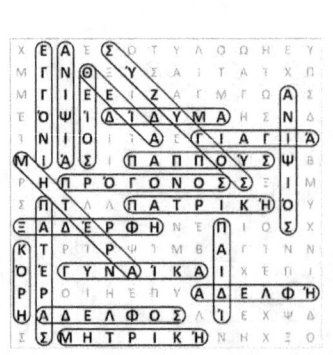

48 - Pflanzen

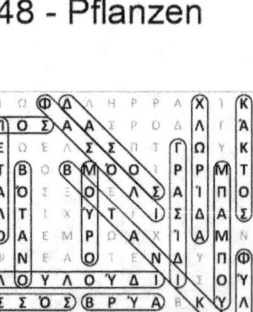

49 - Kunst

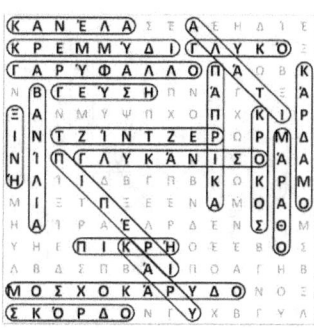

50 - Gewürze

51 - Gemüse

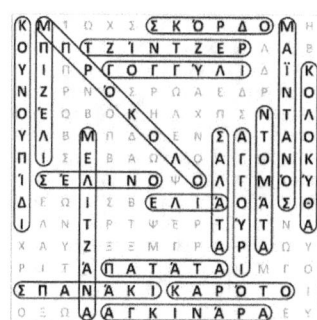

52 - Katzen

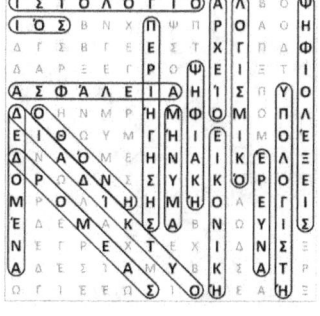

53 - Tanzen

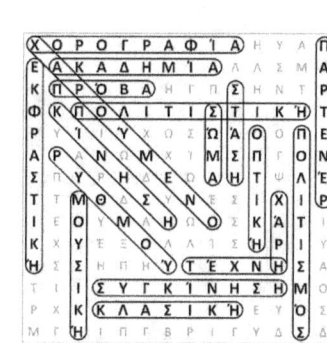

54 - Ernährung

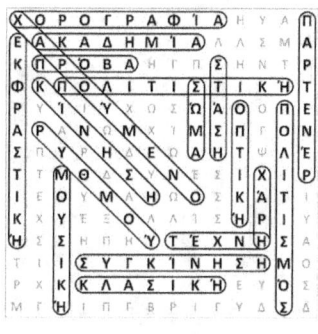

55 - Technologie

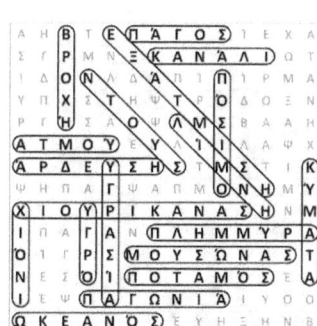

56 - Wasser

57 - Science Fiction

58 - Haustiere

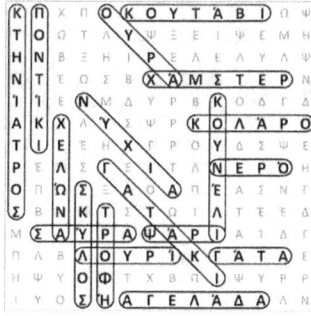

59 - Geburtstag

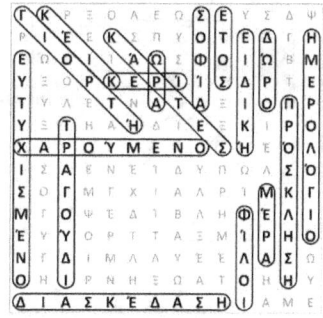

60 - Literatur

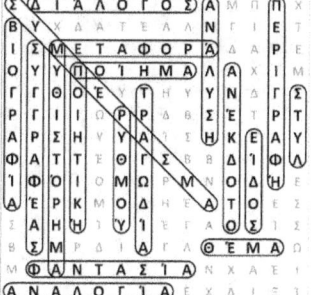

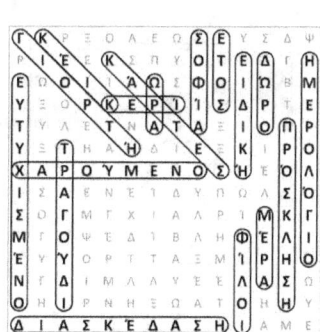

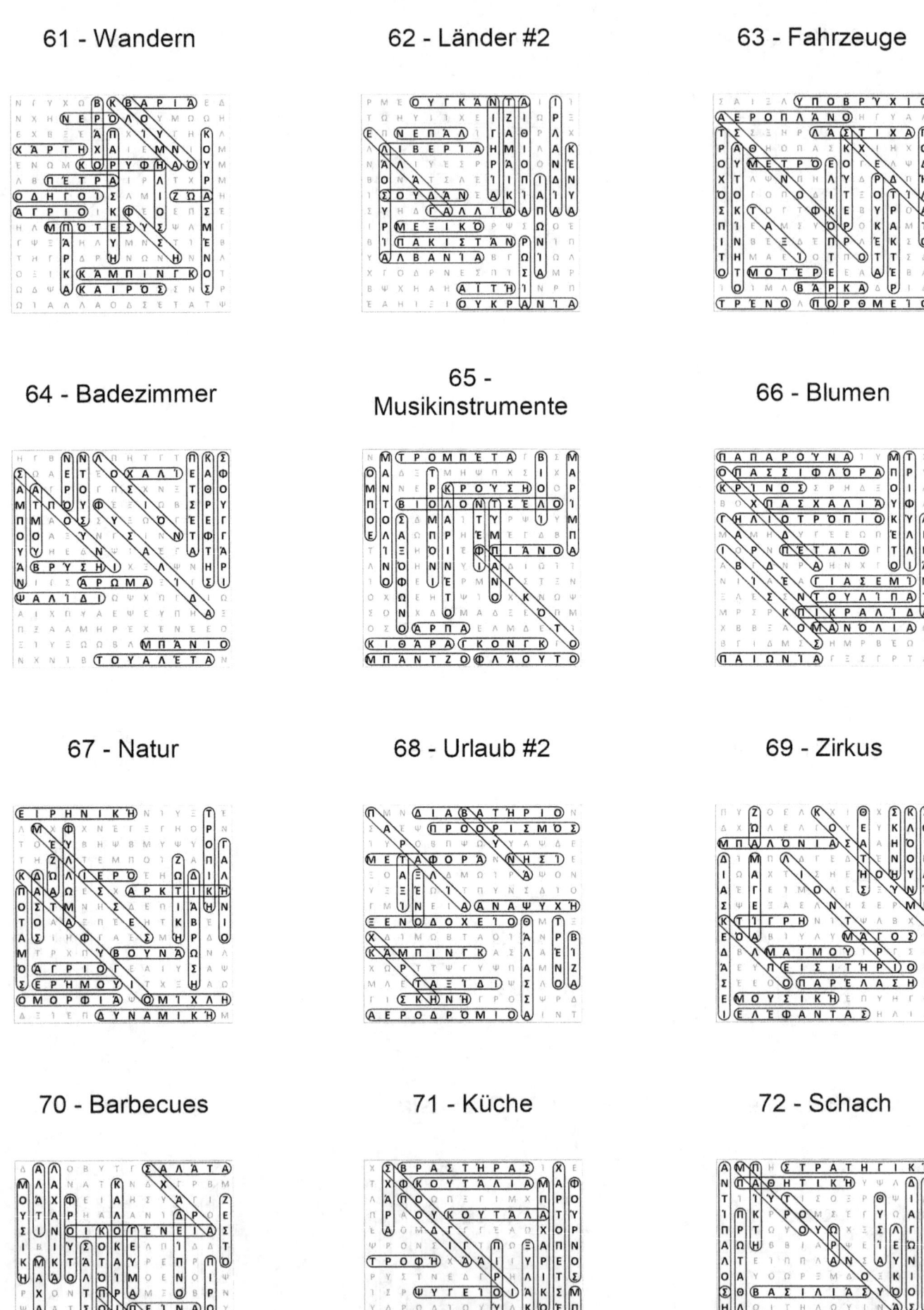

61 - Wandern

62 - Länder #2

63 - Fahrzeuge

64 - Badezimmer

65 - Musikinstrumente

66 - Blumen

67 - Natur

68 - Urlaub #2

69 - Zirkus

70 - Barbecues

71 - Küche

72 - Schach

73 - Geographie

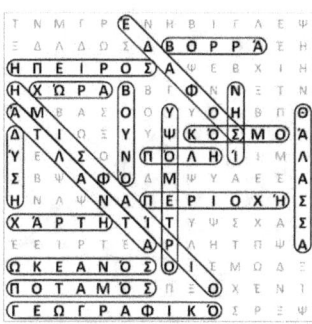

74 - Zahlen

75 - Urlaub #1

76 - Kunst Liefert

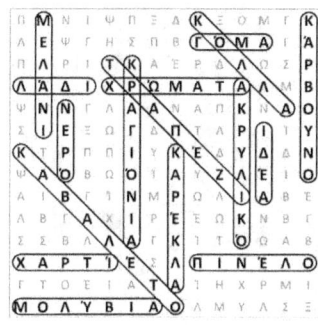

77 - Tage und Monate

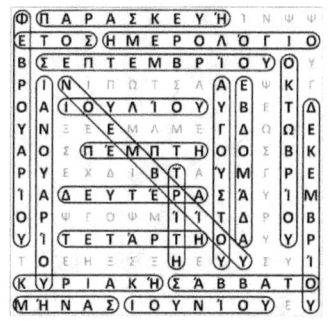

78 - Piraten

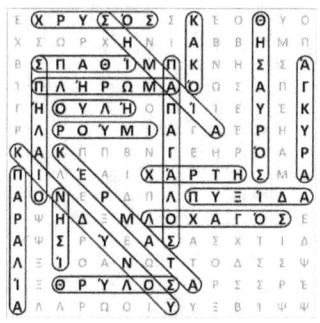

79 - Emotionen

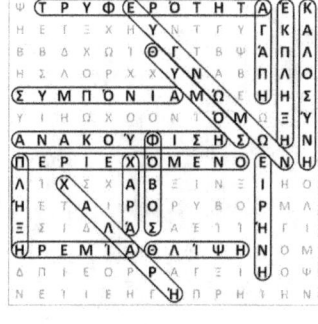

80 - Zu Füllen

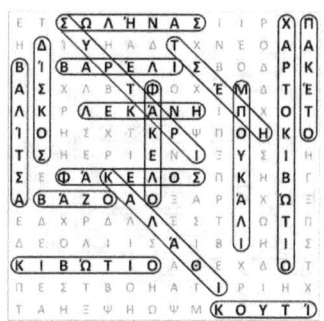

81 - Surfen

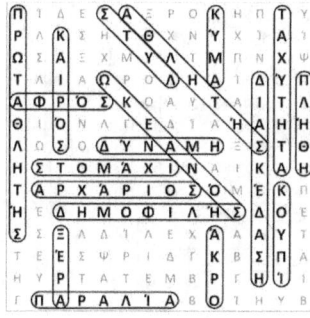

82 - Möbel

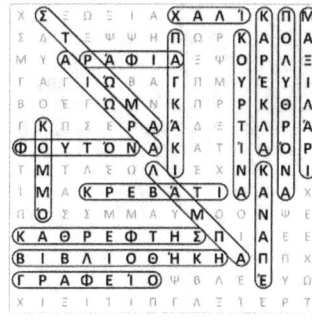

83 - Kräuterkunde

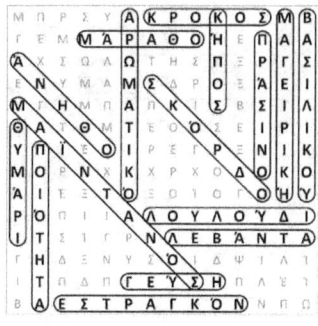

84 - Aktivitäten und Freizeit

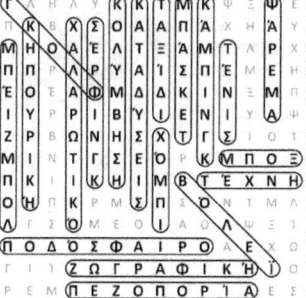

85 - Formen

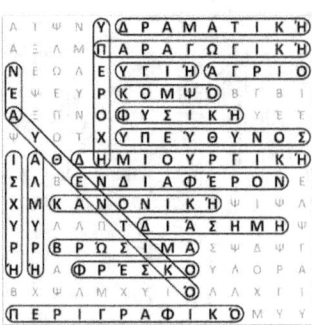

86 - Adjektive #2

87 - Kleidung

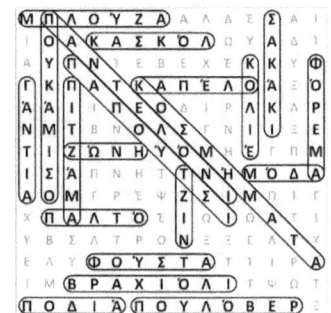

88 - Sommer

89 - Farben

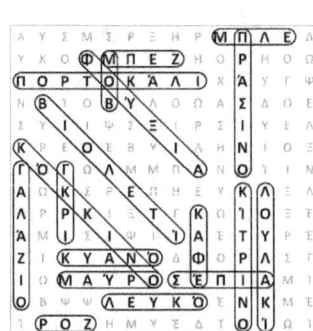

90 - Haus

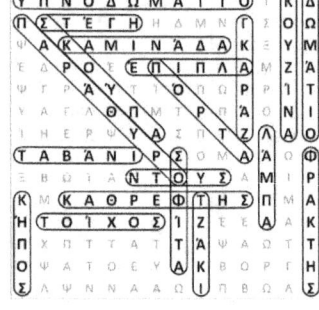

91 - Bauernhof #1

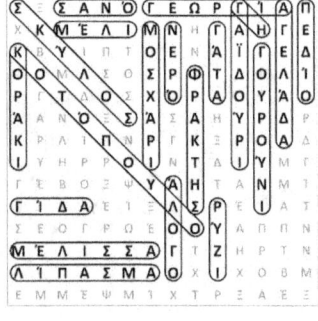

92 - Berufe #1

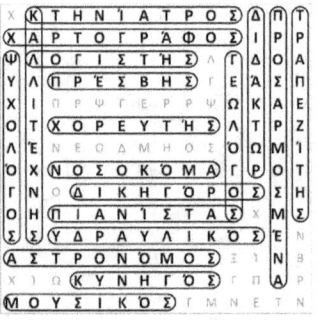

93 - Adjektive #1

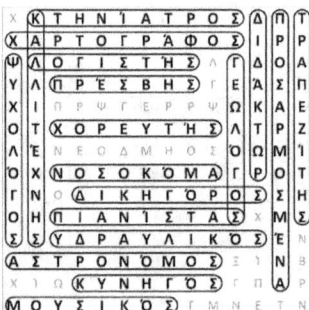

94 - Mathematik

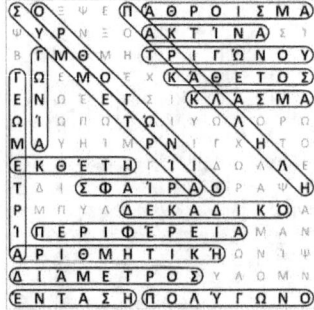

95 - Messungen

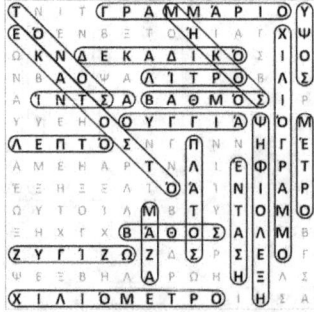

96 - Schlösser

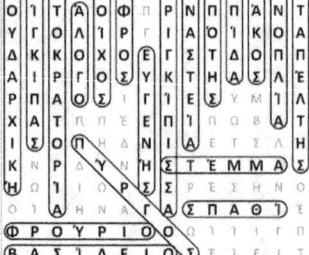

97 - Bauernhof #2

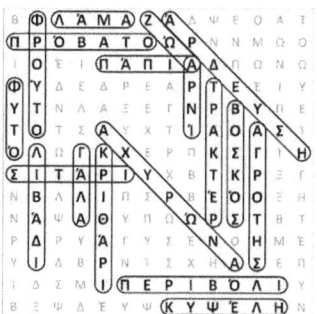

98 - Berufe #2

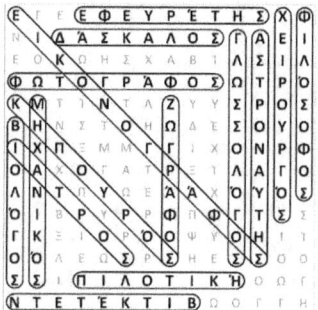

99 - Erforschung

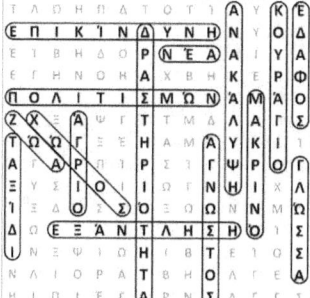

100 - Wetter

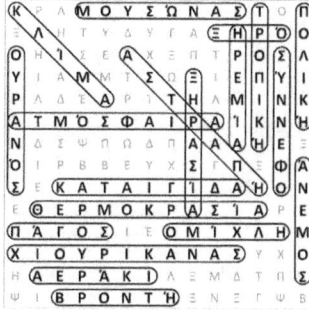

Wörterbuch

Abenteuer
Περιπέτεια

Aktivität	Δραστηριότητα
Ausflug	Εκδρομή
Begeisterung	Ενθουσιασμόσ
Chance	Ευκαιρία
Freude	Χαρά
Freunde	Φίλοι
Gefährlich	Επικίνδυνο
Natur	Φύση
Navigation	Πλοήγηση
Neu	Νέα
Reisen	Ταξίδι
Route	Δρομολόγιο
Schönheit	Ομορφιά
Schwierigkeit	Δυσκολία
Sicherheit	Ασφάλεια
Tapferkeit	Γενναιότητα
Ungewöhnlich	Ασυνήθιστο
Vorbereitung	Παρασκευή
Ziel	Προορισμόσ

Adjektive #1
Επίθετα #1

Absolut	Απόλυτη
Aktiv	Ενεργή
Aromatisch	Αρωματικό
Attraktiv	Ελκυστικό
Dunkel	Σκούρο
Dünn	Λεπτή
Ernst	Σοβαρή
Glücklich	Ευτυχισμένο
Identisch	Ίδια
Künstlerisch	Καλλιτεχνική
Langsam	Αργή
Modern	Μοντέρνο
Perfekt	Τέλειο
Riesig	Τεράστιο
Schön	Όμορφη
Schwer	Βαριά
Tief	Βαθιά
Unschuldig	Αθώοσ
Wertvoll	Πολύτιμα
Wichtig	Σημαντικό

Adjektive #2
Επίθετα #2

Authentisch	Αυθεντικό
Berühmt	Διάσημη
Beschreibend	Περιγραφικό
Dramatisch	Δραματική
Elegant	Κομψό
Essbar	Βρώσιμα
Frisch	Φρέσκο
Gesund	Υγιή
Hungrig	Πεινασμένοσ
Interessant	Ενδιαφέρον
Kreativ	Δημιουργική
Natürlich	Φυσική
Neu	Νέα
Normal	Κανονική
Produktiv	Παραγωγική
Salzig	Αλμυρή
Stark	Ισχυρή
Stolz	Υπεροχη
Verantwortlich	Υπεύθυνοσ
Wild	Άγριο

Aktivitäten
Δραστηριότητες

Aktivität	Δραστηριότητα
Angeln	Ψάρεμα
Camping	Κάμπινγκ
Entspannung	Χαλάρωση
Fähigkeit	Επιδεξιότητα
Fotografie	Φωτογραφία
Freizeit	Αναψυχή
Gartenarbeit	Κηπουρική
Gemälde	Ζωγραφική
Jagd	Κυνήγι
Keramik	Κεραμική
Kunst	Τέχνη
Kunsthandwerk	Βιοτεχνία
Lesen	Ανάγνωση
Magie	Μαγεία
Nähen	Ράψιμο
Spiele	Παιχνίδια
Stricken	Πλέξιμο
Vergnügen	Ευχαρίστηση
Wandern	Πεζοπορία

Aktivitäten und Freizeit
Δραστηριότητες και Αναψυχή

Angeln	Ψάρεμα
Baseball	Μπέιζμπολ
Basketball	Μπάσκετ
Boxen	Μποξ
Camping	Κάμπινγκ
Entspannend	Χαλαρωτικό
Fussball	Ποδόσφαιρο
Gartenarbeit	Κηπουρική
Gemälde	Ζωγραφική
Golf	Γκολφ
Hobbies	Χόμπι
Kunst	Τέχνη
Reise	Ταξίδι
Schwimmen	Κολύμβηση
Surfen	Σέρφινγκ
Tauchen	Καταδύσεισ
Tennis	Τένισ
Volleyball	Βόλεϊ
Wandern	Πεζοπορία

Angeln
Ψάρεμα

Ausrüstung	Εξοπλισμόσ
Boot	Βάρκα
Draht	Σύρμα
Flossen	Πτερύγια
Fluss	Ποταμόσ
Geduld	Υπομονή
Gewicht	Ζυγίζω
Haken	Άγκιστρο
Jahreszeit	Εποχή
Kiefer	Σαγόνι
Kiemen	Βράγχια
Korb	Καλάθι
Köder	Δόλωμα
Ozean	Ωκεανόσ
See	Λίμνη
Strand	Παραλία
Übertreibung	Υπερβολή
Wasser	Νερό

Antarktis
Ανταρκτική

Bucht	Κόλπο
Eis	Πάγοσ
Erhaltung	Διατήρηση
Expedition	Εκδρομή
Felsig	Βραχώδησ
Forscher	Ερευνητήσ
Geographie	Γεωγραφία
Halbinsel	Χερσόνησο
Inseln	Νησιά
Kontinent	Ήπειροσ
Migration	Μετανάστευση
Mineralien	Ορυκτά
Temperatur	Θερμοκρασία
Topographie	Τοπογραφία
Umwelt	Περιβάλλον
Vögel	Πουλιά
Wasser	Νερό
Wetter	Καιρόσ
Wind	Άνεμοι
Wissenschaftlich	Επιστημονική

Astronomie
Αστρονομία

Asteroid	Αστεροειδήσ
Astronaut	Αστροναύτησ
Astronom	Αστρονόμοσ
Erde	Γη
Himmel	Ουρανόσ
Komet	Κομήτησ
Konstellation	Αστερισμό
Meteor	Μετέωρο
Mond	Φεγγάρι
Nebel	Νεφέλωμα
Observatorium	Παρατηρητήριο
Planet	Πλανήτησ
Rakete	Ρουκέτα
Satellit	Δορυφορική
Sonne	Ήλιοσ
Stern	Αστέρι
Supernova	Σουπερνόβα
Teleskop	Τηλεσκόπιο
Tierkreis	Ζώδιο
Universum	Σύμπαν

Badezimmer
Μπάνιο

Bad	Μπάνιο
Blasen	Φυσαλίδα
Dampf	Ατμού
Dusche	Ντουσ
Handtuch	Πετσέτα
Lotion	Λοσιόν
Parfüm	Άρωμα
Schere	Ψαλίδι
Schwamm	Σφουγγάρι
Seife	Σαπούνι
Shampoo	Σαμπουάν
Spiegel	Καθρεφτησ
Teppich	Χαλί
Toilette	Τουαλέτα
Wasser	Νερό
Wasserhahn	Βρύση

Ballett
Μπαλέτο

Applaus	Χειροκρότημα
Ausdrucksvoll	Εκφραστική
Ballerina	Μπαλαρίνα
Choreographie	Χορογραφία
Fähigkeit	Επιδεξιότητα
Geste	Χειρονομία
Intensität	Ένταση
Komponist	Συνθέτη
Künstlerisch	Καλλιτεχνική
Musik	Μουσική
Orchester	Ορχήστρα
Praxis	Άσκηση
Probe	Πρόβα
Publikum	Ακροατήριο
Rhythmus	Ρυθμού
Solo	Σόλο
Stil	Στυλ
Tänzer	Χορευτεσ
Technik	Τεχνική

Barbecues
Μπάρμπεκιου

Abendessen	Δείπνο
Familie	Οικογένεια
Frucht	Φρούτο
Gabeln	Πιρούνια
Gemüse	Λαχανικά
Grill	Σχάρα
Heiss	Ζεστό
Huhn	Κοτόπουλο
Hunger	Πείνα
Kinder	Παιδί
Kochen	Μαγείρεμα
Messer	Μαχαίρια
Mittagessen	Γεύμα
Musik	Μουσική
Pfeffer	Πιπέρι
Salate	Σαλάτα
Salz	Αλάτι
Sommer	Καλοκαίρι
Sosse	Σάλτσα
Spiele	Παιχνίδια

Bauernhof #1
Αγρόκτημα #1

Biene	Μέλισσα
Dünger	Λίπασμα
Esel	Γαΐδούρι
Feld	Πεδίο
Heu	Σανό
Honig	Μέλι
Huhn	Κοτόπουλο
Hund	Σκύλοσ
Kalb	Μοσχάρι
Katze	Γάτα
Krähe	Κοράκι
Kuh	Αγελάδα
Land	Γη
Landwirtschaft	Γεωργία
Pferd	Άλογο
Reis	Ρύζι
Schwein	Γουρούνι
Wasser	Νερό
Zaun	Φρακτησ
Ziege	Γίδα

Bauernhof #2
Αγρόκτημα #2

Bauer	Αγροτησ
Bewässerung	Άρδευση
Bienenstock	Κυψέλη
Ente	Πάπια
Frucht	Φρούτο
Gemüse	Φυτό
Gerste	Κριθάρι
Lama	Λάμα
Lamm	Αρνί
Mais	Καλαμπόκι
Milch	Γάλα
Obstgarten	Περιβόλι
Schaf	Πρόβατο
Schäfer	Βοσκόσ
Scheune	Αχυρώνα
Tiere	Ζώα
Traktor	Τρακτέρ
Weizen	Σιτάρι
Wiese	Λιβάδι
Windmühle	Ανεμόμυλο

Berufe #1
Επαγγέλματα #1

Arzt	Διδάκτωρ
Astronom	Αστρονόμοσ
Bankier	Τραπεζίτησ
Botschafter	Πρέσβησ
Buchhalter	Λογιστήσ
Geologe	Γεωλόγοσ
Jäger	Κυνηγόσ
Kartograph	Χαρτογράφοσ
Klempner	Υδραυλικόσ
Krankenschwester	Νοσοκόμα
Künstler	Καλλιτέχνησ
Mechaniker	Μηχανικόσ
Musiker	Μουσικόσ
Pianist	Πιανίστασ
Psychologe	Ψυχολόγοσ
Rechtsanwalt	Δικηγόροσ
Schneider	Προσαρμοσμένα
Tänzer	Χορευτήσ
Tierarzt	Κτηνίατροσ
Trainer	Προπονητήσ

Berufe #2
Επαγγέλματα #2

Arzt	Ιατροσ
Astronaut	Αστροναύτησ
Biologe	Βιολόγοσ
Chirurg	Χειρουργόσ
Detektiv	Ντετέκτιβ
Erfinder	Εφευρέτησ
Forscher	Ερευνητήσ
Fotograf	Φωτογράφοσ
Gärtner	Κηπουρόσ
Illustrator	Εικονογράφοσ
Ingenieur	Μηχανικόσ
Journalist	Δημοσιογράφοσ
Lehrer	Δάσκαλοσ
Linguist	Γλωσσολόγοσ
Maler	Ζωγράφοσ
Philosoph	Φιλόσοφοσ
Pilot	Πιλοτική
Politiker	Πολιτικόσ
Zahnarzt	Οδοντίατροσ
Zoologe	Ζωολόγοσ

Bienen
Μέλισσες

Bestäuber	Επικονιαστήσ
Bienenkorb	Κυψέλη
Blumen	Λουλούδια
Blüte	Άνθοσ
Essen	Τροφή
Flügel	Φτερά
Frucht	Φρούτο
Garten	Κήποσ
Honig	Μέλι
Insekt	Έντομο
Königin	Βασίλισσα
Ökosystem	Οικοσύστημα
Pflanzen	Φυτά
Pollen	Γύρη
Rauch	Καπνίζουν
Schwarm	Σμήνοσ
Sonne	Ήλιοσ
Vielfalt	Ποικιλία
Vorteilhaft	Ευεργετική
Wachs	Κερί

Bildende Kunst
Εικαστικές Τέχνες

Architektur	Αρχιτεκτονική
Bleistift	Μολύβι
Film	Ταινία
Foto	Φωτογραφία
Gemälde	Ζωγραφική
Holzkohle	Κάρβουνο
Keramik	Κεραμική
Kreide	Κιμωλία
Künstler	Καλλιτέχνησ
Lack	Βερνίκι
Meisterwerk	Αριστούργημα
Perspektive	Προοπτική
Porträt	Πορτρέτο
Schablone	Πολυγράφο
Skulptur	Γλυπτική
Staffelei	Καβαλέτο
Stift	Στυλό
Wachs	Κερί
Zusammensetzung	Σύνθεση

Blumen
Λουλούδια

Blütenblatt	Πέταλο
Gardenie	Γαρδένια
Gänseblümchen	Μαργαρίτα
Hibiskus	Ιβίσκοσ
Jasmin	Γιασεμί
Klee	Τριφύλλι
Lavendel	Λεβάντα
Lila	Πασχαλιά
Lilie	Κρίνοσ
Löwenzahn	Πικραλίδα
Magnolie	Μανόλια
Mohn	Παπαρούνα
Orchidee	Ορχιδέα
Passionsblume	Πασσιφλόρα
Pfingstrose	Παιωνία
Rose	Τριαντάφυλλο
Sonnenblume	Ηλιοτρόπιο
Strauss	Μπουκέτο
Tulpe	Τουλίπα

Boote
Σκάφη

Anker	Άγκυρα
Boje	Σημαδούρα
Crew	Πλήρωμα
Dock	Αποβάθρα
Fähre	Πορθμείο
Floss	Σχεδία
Fluss	Ποταμόσ
Kajak	Καγιάκ
Kanu	Κανό
Mast	Κατάρτι
Meer	Θάλασσα
Motor	Μηχανή
Nautisch	Ναυτικό
Ozean	Ωκεανόσ
Rettungsboot	Σωσίβια
See	Λίμνη
Segelboot	Ιστιοφόρο
Seil	Σχοινί
Wellen	Κύματα
Yacht	Γιοτ

Bücher
Βιβλία

Abenteuer	Περιπέτεια
Autor	Συγγραφέασ
Dualität	Δυαδικότητα
Episch	Επική
Erfinderisch	Εφευρετική
Erzähler	Αφηγητήσ
Gedicht	Ποίημα
Geschichte	Ιστορία
Geschrieben	Γραπτή
Historisch	Ιστορικό
Humorvoll	Χιουμοριστικό
Kollektion	Συλλογή
Kontext	Πλαίσιο
Leser	Αναγνώστησ
Literarisch	Λογοτεχνική
Poesie	Ποίηση
Roman	Μυθιστόρημα
Seite	Σελίδα
Serie	Σειρά
Tragisch	Τραγική

Camping
Κατασκήνωση

Abenteuer	Περιπέτεια
Berg	Βουνό
Feuer	Φωτιά
Hängematte	Αιώρα
Hut	Καπέλο
Insekt	Έντομο
Jagd	Κυνήγι
Kabine	Καμπίνα
Kanu	Κανό
Karte	Χάρτη
Kompass	Πυξίδα
Laterne	Φανάρι
Mond	Φεγγάρι
Natur	Φύση
See	Λίμνη
Seil	Σχοινί
Spass	Διασκέδαση
Tiere	Ζώα
Wald	Δασοσ
Zelt	Σκηνή

Dinosaurier
Δεινόσαυροι

Allesfresser	Παμφάγα
Art	Είδοσ
Beute	Θήραμα
Enorm	Τεράστιο
Erde	Γη
Evolution	Εξέλιξη
Fleischfresser	Σαρκοφάγο
Flügel	Φτερά
Fossilien	Απολιθώματα
Grösse	Μέγεθοσ
Leistungsstark	Ισχυρό
Mammut	Μαμούθ
Pflanzenfresser	Φυτοφάγα
Prähistorisch	Προϊστορική
Raubvogel	Αρπακτικό
Reptil	Ερπετό
Schwanz	Ουρά
Verschwinden	Εξαφάνιση

Emotionen
Συναισθήματα

Angst	Φόβοσ
Dankbar	Ευγνώμων
Entspannt	Χαλαρή
Freude	Χαρά
Freundlichkeit	Καλοσύνη
Frieden	Ειρήνη
Inhalt	Περιεχόμενο
Langeweile	Πλήξη
Liebe	Αγάπη
Relief	Ανακούφιση
Ruhe	Ηρεμία
Sympathie	Συμπόνια
Traurigkeit	Θλίψη
Überraschen	Έκπληξη
Wut	Θυμόσ
Zärtlichkeit	Τρυφερότητα
Zufrieden	Ικανοποίησα

Erforschung
Εξερεύνηση

Aktivität	Δραστηριότητα
Entdeckung	Ανακάλυψη
Erschöpfung	Εξάντληση
Fern	Μακρινό
Gefährlich	Επικίνδυνη
Gelände	Έδαφοσ
Kulturen	Πολιτισμών
Mut	Κουράγιο
Neu	Νέα
Raum	Χώροσ
Reise	Ταξίδι
Sprache	Γλώσσα
Tiere	Ζώα
Unbekannt	Άγνωστοσ
Wild	Άγριο

Ernährung
Διατροφή

Appetit	Όρεξη
Ausgewogen	Ισορροπημένη
Bitter	Πικρή
Diät	Διατροφή
Essbar	Βρώσιμα
Fermentation	Ζύμωση
Geschmack	Γεύση
Gesund	Υγιή
Gesundheit	Υγεία
Getreide	Δημητριακά
Gewicht	Ζυγίζω
Kalorien	Θερμιδεσ
Nährstoff	Θρεπτική
Portion	Τμήμα
Proteine	Πρωτεΐνεσ
Qualität	Ποιότητα
Sosse	Σάλτσα
Toxin	Τοξίνη
Verdauung	Πέψη
Vitamin	Βιταμίνη

Essen #1
Τρόφιμα #1

Basilikum	Βασιλικού
Birne	Αχλάδι
Erdbeere	Φράουλα
Erdnuss	Φιστίκι
Fleisch	Κρέασ
Kaffee	Καφέ
Karotte	Καρότο
Knoblauch	Σκόρδο
Milch	Γάλα
Rübe	Γογγύλι
Saft	Χυμόσ
Salat	Σαλάτα
Salz	Αλάτι
Spinat	Σπανάκι
Suppe	Σούπα
Thunfisch	Τόνοσ
Zimt	Κανέλα
Zitrone	Λεμόνι
Zucker	Ζάχαρη
Zwiebel	Κρεμμύδι

Essen #2
Τρόφιμα #2

Apfel	Μήλο
Artischocke	Αγκινάρα
Aubergine	Μελιτζάνα
Banane	Μπανάνα
Brokkoli	Μπρόκολο
Brot	Ψωμί
Ei	Αυγό
Fisch	Ψάρι
Joghurt	Γιαούρτι
Käse	Τυρί
Kirsche	Κεράσι
Mandel	Αμύγδαλο
Pilz	Μανιτάρι
Reis	Ρύζι
Schinken	Ζαμπόν
Schokolade	Σοκολάτα
Sellerie	Σέλινο
Spargel	Σπαράγγι
Tomate	Ντομάτα
Weizen	Σιτάρι

Fahren
Οδήγηση

Auto	Αυτοκίνητο
Bremsen	Φρένα
Brennstoff	Καύσιμο
Bus	Λεωφορείο
Garage	Γκαράζ
Gas	Αέριο
Gefahr	Κινδύνου
Geschwindigkeit	Ταχύτητα
Karte	Χάρτη
Lizenz	Άδεια
Lkw	Φορτηγό
Motor	Μοτέρ
Motorrad	Μοτοσυκλέτα
Polizei	Αστυνομία
Sicherheit	Ασφάλεια
Transport	Μεταφορά
Tunnel	Σήραγγα
Unfall	Ατύχημα
Verkehr	Κυκλοφορία
Vorsicht	Προσοχή

Fahrzeuge
Οχήματα

Auto	Αυτοκίνητο
Boot	Βάρκα
Bus	Λεωφορείο
Fahrrad	Ποδήλατο
Fähre	Πορθμείο
Floss	Σχεδία
Flugzeug	Αεροπλάνο
Hubschrauber	Ελικόπτερο
Krankenwagen	Ασθενοφόρο
Lkw	Φορτηγό
Motor	Μοτέρ
Rakete	Ρουκέτα
Reifen	Λάστιχα
Roller	Σκούτερ
Taxi	Ταξί
Traktor	Τρακτέρ
U-Bahn	Μετρό
U-Boot	Υποβρύχιο
Wohnwagen	Τροχόσπιτο
Zug	Τρένο

Familie
Οικογένεια

Bruder	Αδελφοσ
Ehefrau	Γυναίκα
Ehemann	Σύζυγοσ
Enkel	Εγγόνι
Grossmutter	Γιαγιά
Grossvater	Παππούσ
Kind	Παιδί
Mutter	Μητέρα
Mütterlich	Μητρική
Neffe	Ανιψιόσ
Nichte	Ανιψιά
Onkel	Θείοσ
Schwester	Αδελφή
Tante	Θεία
Tochter	Κόρη
Vater	Πατέρας
Väterlich	Πατρική
Vetter	Ξαδέρφη
Vorfahr	Πρόγονος
Zwillinge	Δίδυμα

Farben
Χρώματα

Azurblau	Γαλάζιο
Beige	Μπεζ
Blau	Μπλε
Braun	Καφέ
Fuchsie	Φούξια
Gelb	Κίτρινο
Grau	Γκρι
Grün	Πράσινο
Indigo	Λουλακί
Lila	Μοβ
Orange	Πορτοκάλι
Rosa	Ροζ
Rot	Κόκκινο
Schwarz	Μαύρο
Sepia	Σέπια
Violett	Βιολετί
Weiss	Λευκό
Zyan	Κυανό

Flugzeuge
Αεροπλάνα

Abenteuer	Περιπέτεια
Abstieg	Καταγωγή
Atmosphäre	Ατμόσφαιρα
Aufblasen	Φουσκώνουν
Ballon	Μπαλόνι
Brennstoff	Καύσιμο
Crew	Πλήρωμα
Design	Σχέδιο
Geschichte	Ιστορία
Himmel	Ουρανός
Höhe	Υψος
Konstruktion	Κατασκευή
Luft	Αέρας
Motor	Μηχανή
Passagier	Επιβάτη
Pilot	Πιλοτική
Propeller	Έλικα
Turbulenz	Αναταραχή
Wasserstoff	Υδρογόνο
Wetter	Καιρός

Formen
Σχήματα

Bogen	Τόξο
Dreieck	Τριγώνου
Ecke	Γωνία
Ellipse	Έλλειψη
Hyperbel	Υπερβολή
Kanten	Άκρη
Kegel	Κώνος
Kreis	Κύκλος
Kugel	Σφαίρα
Kurve	Καμπύλη
Linie	Γραμμή
Oval	Οβάλ
Polygon	Πολύγωνο
Prisma	Πρίσμα
Pyramide	Πυραμίδα
Quadrat	Πλατεία
Rechteck	Ορθογώνιο
Seite	Πλευρά
Würfel	Κύβος
Zylinder	Κύλινδρος

Garten
Κήπος

Bank	Παγκάκι
Baum	Δέντρο
Blume	Λουλούδι
Garage	Γκαράζ
Garten	Κήπος
Gras	Γρασίδι
Hängematte	Αιώρα
Obstgarten	Περιβόλι
Rasen	Γκαζόν
Rechen	Τσουγκράνα
Schaufel	Φτυάρι
Schlauch	Σωλήνα
Teich	Λίμνη
Terrasse	Βεράντα
Trampolin	Τραμπολίνο
Unkraut	Ζιζάνια
Zaun	Φράκτης

Gebäude
Κτίρια

Bauernhof	Αγρόκτημα
Botschaft	Πρεσβεία
Fabrik	Εργοστάσιο
Garage	Γκαράζ
Haus	Σπίτι
Herberge	Ξενώνας
Hotel	Ξενοδοχείο
Kabine	Καμπίνα
Krankenhaus	Νοσοκομείο
Labor	Εργαστήριο
Museum	Μουσείο
Observatorium	Παρατηρητήριο
Scheune	Αχυρώνα
Schule	Σχολείο
Stadion	Στάδιο
Supermarkt	Μάρκετ
Theater	Θέατρο
Turm	Πύργος
Universität	Πανεπιστήμιο
Zelt	Σκηνή

Geburtstag
Γενέθλια

Einladungen	Πρόσκληση
Feier	Γιορτή
Freudig	Χαρούμενο
Freunde	Φίλοι
Geschenk	Δώρο
Glücklich	Ευτυχισμένο
Jahr	Ετος
Kalender	Ημερολόγιο
Karten	Κάρτες
Kerzen	Κερί
Kuchen	Κέικ
Lied	Τραγούδι
Spass	Διασκέδαση
Spezial	Ειδική
Tag	Μέρα
Weisheit	Σοφία
Zeit	Ωρα

Gemüse
Λαχανικά

Artischocke	Αγκινάρα
Aubergine	Μελιτζάνα
Blumenkohl	Κουνουπίδι
Brokkoli	Μπρόκολο
Erbse	Μπιζέλι
Gurke	Αγγούρι
Ingwer	Τζίντζερ
Karotte	Καρότο
Kartoffel	Πατάτα
Knoblauch	Σκόρδο
Kürbis	Κολοκύθα
Olive	Ελιά
Petersilie	Μαϊντανός
Pilz	Μανιτάρι
Rübe	Γογγύλι
Salat	Σαλάτα
Sellerie	Σέλινο
Spinat	Σπανάκι
Tomate	Ντομάτα
Zwiebel	Κρεμμύδι

Geographie
Γεωγραφία

Atlas	Άτλαντα
Äquator	Ισημερινός
Berg	Βουνό
Fluss	Ποταμός
Gebiet	Έδαφος
Hemisphäre	Ημισφαίριο
Höhe	Υψόμετρο
Insel	Νησί
Karte	Χάρτη
Kontinent	Ήπειρος
Land	Χώρα
Längengrad	Γεωγραφικό
Meer	Θάλασσα
Meridian	Μεσημβρινό
Norden	Βορρά
Ozean	Ωκεανός
Region	Περιοχή
Stadt	Πόλη
Welt	Κόσμο
West	Δύση

Geologie
Γεωλογία

Erdbeben	Σεισμός
Erosion	Διάβρωση
Fossil	Απολίθωμα
Geschmolzen	Λιωμένο
Höhle	Σπήλαιο
Kalzium	Ασβέστιο
Kontinent	Ήπειρος
Koralle	Κοράλλι
Kristalle	Κρύσταλλα
Lava	Λάβα
Mineralien	Ορυκτά
Plateau	Οροπέδιο
Quarz	Χαλαζία
Salz	Αλάτι
Säure	Οξύ
Stalagmiten	Σταλαγμιτες
Stalaktit	Σταλακτίτης
Stein	Πέτρα
Vulkan	Ηφαίστειο
Zone	Ζώνη

Gewürze
Μπαχαρικά

Anis	Γλυκάνισο
Bitter	Πικρή
Curry	Κάρυ
Fenchel	Μάραθο
Geschmack	Γεύση
Ingwer	Τζίντζερ
Kardamom	Κάρδαμο
Knoblauch	Σκόρδο
Lakritze	Γλυκόριζα
Muskatnuss	Μοσχοκάρυδο
Nelke	Γαρύφαλλο
Paprika	Πάπρικα
Pfeffer	Πιπέρι
Safran	Κροκοσ
Salz	Αλάτι
Sauer	Ξινή
Süss	Γλυκό
Vanille	Βανίλια
Zimt	Κανέλα
Zwiebel	Κρεμμύδι

Haartypen
Τύποι Μαλλιών

Blond	Ξανθά
Braun	Καφέ
Dick	Παχύ
Dünn	Λεπτή
Geflochten	Πλεγμένο
Gesund	Υγιή
Glatt	Ομαλή
Glänzend	Λαμπερά
Grau	Γκρι
Kahl	Φαλακρός
Kurz	Κοντό
Lang	Μακρύ
Locken	Μπούκλες
Lockig	Σγουρά
Schwarz	Μαύρο
Silber	Ασημένιο
Trocken	Ξηρό
Weich	Μαλακό
Weiss	Λευκό
Zöpfe	Πλεξούδες

Haus
Σπίτι

Besen	Σκούπα
Bibliothek	Βιβλιοθήκη
Dach	Στέγη
Dachboden	Σοφίτα
Decke	Ταβάνι
Dusche	Ντους
Fenster	Παράθυρο
Garage	Γκαράζ
Garten	Κήπος
Kamin	Τζάκι
Küche	Κουζίνα
Lampe	Λάμπα
Möbel	Έπιπλα
Schlafzimmer	Υπνοδωμάτιο
Schornstein	Καμινάδα
Spiegel	Καθρεφτης
Tür	Πόρτα
Wand	Τοίχος
Zaun	Φράκτης
Zimmer	Δωμάτιο

Haustiere
Κατοικίδια

Eidechse	Σαύρα
Essen	Τροφή
Fisch	Ψάρι
Hamster	Χάμστερ
Hase	Κουνέλι
Hund	Σκύλοσ
Katze	Γάτα
Kätzchen	Γατάκι
Kragen	Κολάρο
Krallen	Νύχια
Kuh	Αγελάδα
Leine	Λουρί
Maus	Ποντίκι
Papagei	Παπαγάλοσ
Schildkröte	Χελώνα
Schwanz	Ουρά
Tierarzt	Κτηνίατροσ
Wasser	Νερό
Welpe	Κουτάβι
Ziege	Γίδα

Insekten
Έντομα

Ameise	Μυρμήγκι
Biene	Μέλισσα
Blattlaus	Μελίγκρα
Floh	Υπαίθρια
Gottesanbeterin	Μάντησ
Heuschrecke	Ακρίδα
Kakerlake	Κατσαρίδα
Käfer	Σκαθάρι
Larve	Προνύμφη
Marienkäfer	Πασχαλίτσα
Motte	Σκώροσ
Mücke	Κουνούπι
Schmetterling	Πεταλούδα
Termite	Τερμίτησ
Wespe	Σφήκα
Wurm	Σκουλήκι
Zikade	Τζιτζίκι

Katzen
Γάτες

Fell	Γούνα
Garn	Νήμα
Jäger	Κυνηγόσ
Komisch	Αστείο
Kralle	Νύχι
Maus	Ποντίκι
Neugierig	Περίεργοσ
Persönlichkeit	Προσωπικότητα
Pfote	Πόδι
Schlafen	Κοιμάμαι
Schüchtern	Ντροπαλόσ
Schwanz	Ουρά
Unabhängig	Ανεξάρτητη
Verrückt	Τρελό,
Verspielt	Παιχνιδιάρικο
Wild	Άγριο

Kleidung
Ρούχα

Armband	Βραχιόλι
Bluse	Μπλούζα
Gürtel	Ζώνη
Halskette	Κολιέ
Handschuhe	Γάντια
Hemd	Πουκάμισο
Hose	Παντελόνι
Hut	Καπέλο
Jacke	Σακάκι
Jeans	Τζιν
Kleid	Φόρεμα
Mantel	Παλτό
Mode	Μόδα
Pullover	Πουλόβερ
Rock	Φούστα
Schal	Κασκόλ
Schlafanzug	Πιτζάμα
Schmuck	Κοσμήματα
Schuh	Παπούτσι
Schürze	Ποδιά

Klettern
Αναρρίχηση

Atmosphäre	Ατμόσφαιρα
Ausbildung	Κατάρτιση
Führer	Οδηγοί
Gelände	Έδαφοσ
Handschuhe	Γάντια
Helm	Κράνοσ
Höhe	Υψόμετρο
Höhle	Σπήλαιο
Karte	Χάρτη
Neugier	Περιέργεια
Physisch	Φυσική
Schmal	Στενό
Stabilität	Σταθερότητα
Stärke	Δύναμη
Stiefel	Μπότες
Verletzung	Τραυματισμό
Wandern	Πεζοπορία

Komödie
Κωμωδία

Applaus	Χειροκρότημα
Ausdrucksvoll	Εκφραστική
Clowns	Κλόουν
Fernsehen	Τηλεόραση
Genre	Είδοσ
Humor	Χιούμορ
Komisch	Αστείο
Lachen	Γέλιο
Parodie	Παρωδία
Publikum	Ακροατήριο
Schauspieler	Φορέασ
Schauspielerin	Ηθοποιός
Spass	Διασκέδαση
Theater	Θέατρο
Witze	Αστεία

Kräuterkunde
Βοτανολογία

Aromatisch	Αρωματικό
Basilikum	Βασιλικού
Blume	Λουλούδι
Dill	Άνηθο
Estragon	Εστραγκόν
Fenchel	Μάραθο
Garten	Κήποσ
Geschmack	Γεύση
Grün	Πράσινο
Knoblauch	Σκόρδο
Kulinarisch	Μαγειρική
Lavendel	Λεβάντα
Majoran	Μαντζουράνα
Petersilie	Μαϊντανός
Qualität	Ποιότητα
Rosmarin	Δενδρολίβανο
Safran	Κροκοσ
Thymian	Θυμάρι
Vorteilhaft	Ευεργετική
Zutat	Συστατικό

Kunst
Τέχνη

Ausdruck	Έκφραση
Einfach	Απλόσ
Gegenstand	Θέμα
Gemälde	Ζωγραφική
Inspiriert	Εμπνευσμένη
Keramik	Κεραμική
Komplex	Σύνθετη
Original	Αρχική
Persönlich	Προσωπικό
Poesie	Ποίηση
Schaffen	Δημιουργώ
Skulptur	Γλυπτική
Stimmung	Διάθεση
Surrealismus	Σουρεαλισμόσ
Symbol	Σύμβολο
Visuell	Οπτική
Zusammensetzung	Σύνθεση

Kunst Liefert
Είδη Τέχνης

Acryl	Ακρυλικό
Bleistifte	Μολύβια
Buntstifte	Κραγιόνια
Bürsten	Πινέλο
Farben	Χρώματα
Holzkohle	Κάρβουνο
Ideen	Ιδέα
Leim	Κόλλα
Öl	Λάδι
Papier	Χαρτί
Radiergummi	Γόμα
Staffelei	Καβαλέτο
Stuhl	Καρέκλα
Tabelle	Τραπέζι
Tinte	Μελάνι
Wasser	Νερό

Küche
Κουζίνα

Essen	Τροφή
Essstäbchen	Ξυλάκια
Gabeln	Πιρούνια
Gewürze	Μπαχαρικό
Grill	Σχάρα
Kelle	Κουτάλα
Krug	Κανάτα
Kühlschrank	Ψυγείο
Löffel	Κουτάλια
Messer	Μαχαίρια
Ofen	Φούρνοσ
Rezept	Συνταγή
Schürze	Ποδιά
Schüssel	Μπολ
Schwamm	Σφουγγάρι
Serviette	Χαρτοπετσέτα
Tassen	Κύπελλα
Wasserkocher	Βραστήρασ

Landschaften
Τοπία

Berg	Βουνό
Eisberg	Παγόβουνο
Fluss	Ποταμόσ
Gletscher	Παγετώνασ
Golf	Κόλποσ
Halbinsel	Χερσόνησο
Höhle	Σπήλαιο
Hügel	Λόφο
Insel	Νησί
Lagune	Λιμνοθάλασσα
Meer	Θάλασσα
Oase	Όαση
See	Λίμνη
Strand	Παραλία
Sumpf	Βάλτοσ
Tal	Κοιλάδα
Tundra	Τούνδρα
Vulkan	Ηφαίστειο
Wasserfall	Καταρράκτη
Wüste	Ερήμου

Länder #2
Χώρες #2

Albanien	Αλβανία
Äthiopien	Αιθιοπία
Frankreich	Γαλλία
Griechenland	Ελλάδα
Haiti	Αϊτή
Irland	Ιρλανδία
Jamaika	Τζαμάικα
Japan	Ιαπωνία
Kenia	Κένυα
Laos	Λάοσ
Liberia	Λιβερία
Mexiko	Μεξικό
Nepal	Νεπάλ
Nigeria	Νιγηρία
Pakistan	Πακιστάν
Russland	Ρωσία
Sudan	Σουδάν
Syrien	Συρία
Uganda	Ουγκάντα
Ukraine	Ουκρανία

Literatur
Λογοτεχνία

Analogie	Αναλογία
Analyse	Ανάλυση
Anekdote	Ανέκδοτο
Autor	Συγγραφέασ
Beschreibung	Περιγραφή
Biographie	Βιογραφία
Dialog	Διάλογοσ
Erzähler	Αφηγητήσ
Fiktion	Φαντασία
Gedicht	Ποίημα
Genre	Είδοσ
Metapher	Μεταφορά
Poetisch	Ποιητική
Rhythmus	Ρυθμού
Roman	Μυθιστόρημα
Schlussfolgerung	Συμπέρασμα
Stil	Στυλ
Thema	Θέμα
Tragödie	Τραγωδία
Vergleich	Σύγκριση

Mathematik
Μαθηματικά

Arithmetik	Αριθμητική
Bruchteil	Κλάσμα
Dezimal	Δεκαδικό
Dreieck	Τριγώνου
Durchmesser	Διάμετροσ
Exponent	Εκθέτη
Geometrie	Γεωμετρία
Gleichung	Εξίσωση
Kugel	Σφαίρα
Parallel	Παράλληλη
Polygon	Πολύγωνο
Quadrat	Πλατεία
Radius	Ακτίνα
Rechteck	Ορθογώνιο
Senkrecht	Κάθετοσ
Summe	Άθροισμα
Symmetrie	Συμμετρία
Umfang	Περιφέρεια
Volumen	Ένταση
Winkel	Γωνία

Meditation
Διαλογισμός

Annahme	Αποδοχή
Atmung	Αναπνοή
Aufmerksamkeit	Προσοχή
Bewegung	Κίνηση
Dankbarkeit	Ευγνωμοσύνη
Einblick	Διορατικότητα
Freundlichkeit	Καλοσύνη
Frieden	Ειρήνη
Gedanken	Σκέψη
Geistig	Ψυχική
Glück	Ευτυχία
Klarheit	Σαφήνεια
Mitgefühl	Συμπόνια
Musik	Μουσική
Natur	Φύση
Perspektive	Προοπτική
Ruhig	Ηρεμία
Stille	Σιωπή
Verstand	Μυαλό
Wach	Ξύπνησε

Meisterschaft
Πρωτάθλημα

Ausdauer	Αντοχή
Champion	Πρωταθλητήσ
Finalist	Φιναλίστ
Liga	Ένωση
Mannschaft	Ομάδα
Medaille	Μετάλλιο
Meisterschaft	Πρωτάθλημα
Motivation	Κίνητρο
Performance	Απόδοση
Richter	Δικαστήσ
Schweiss	Εφίδρωση
Sieg	Νίκη
Spiele	Παιχνίδια
Sport	Αθλητική
Strategie	Στρατηγική
Trainer	Προπονητήσ
Turnier	Τουρνουά

Menschlicher Körper
Ανθρώπινο Σώμα

Bein	Πόδι
Blut	Αίμα
Ellbogen	Αγκώνα
Finger	Δάχτυλο
Gehirn	Μυαλό
Gesicht	Πρόσωπο
Hals	Λαιμόσ
Hand	Χέρι
Haut	Δέρμα
Herz	Καρδιά
Kiefer	Σαγόνι
Kinn	Πηγούνι
Knie	Γόνατο
Knöchel	Αστράγαλοσ
Kopf	Κεφάλι
Mund	Στόμα
Nase	Μύτη
Ohr	Αυτί
Schulter	Ώμοσ
Zunge	Γλώσσα

Messungen
Μετρήσεις

Breite	Πλάτοσ
Byte	Ψηφιολεξη
Dezimal	Δεκαδικό
Gewicht	Ζυγίζω
Grad	Βαθμόσ
Gramm	Γραμμάριο
Höhe	Υψοσ
Kilogramm	Χιλιόγραμμο
Kilometer	Χιλιόμετρο
Länge	Μήκοσ
Liter	Λίτρο
Masse	Μάζα
Meter	Μέτρο
Minute	Λεπτό
Tiefe	Βάθοσ
Tonne	Τόνοσ
Unze	Ουγγιά
Volumen	Ένταση
Zentimeter	Εκατοστό
Zoll	Ίντσα

Möbel
Έπιπλα

Bank	Παγκάκι
Bett	Κρεβάτι
Bücherregal	Βιβλιοθήκη
Couch	Καναπέ
Futon	Φουτόν
Hängematte	Αιώρα
Kissen	Μαξιλάρι
Kommode	Κομμό
Lampe	Λάμπα
Matratze	Στρώμα
Regal	Ράφια
Schreibtisch	Γραφείο
Sessel	Πολυθρόνα
Spiegel	Καθρεφτησ
Stuhl	Καρέκλα
Teppich	Χαλί
Vorhang	Κουρτίνα

Musikinstrumente
Μουσικά Όργανα

Banjo	Μπάντζο
Cello	Βιολοντσέλο
Fagott	Φαγκότο
Flöte	Φλάουτο
Geige	Βιολί
Gitarre	Κιθάρα
Gong	Γκονγκ
Harfe	Άρπα
Klarinette	Κλαρινέτο
Klavier	Πιάνο
Mandoline	Μαντολίνο
Marimba	Μαρίμπα
Mundharmonika	Φυσαρμόνικα
Oboe	Όμποε
Posaune	Τρομπόνι
Saxophon	Σαξόφωνο
Schlagzeug	Κρούση
Tamburin	Ντέφι
Trommel	Τύμπανο
Trompete	Τρομπέτα

Mythologie
Μυθολογία

Archetyp	Αρχέτυπο
Blitz	Αστραπή
Donner	Βροντή
Eifersucht	Ζήλια
Held	Ήρωασ
Heldin	Ηρωίδα
Katastrophe	Καταστροφή
Kreation	Δημιουργία
Kreatur	Πλάσμα
Krieger	Πολεμιστήσ
Kultur	Πολιτισμόσ
Labyrinth	Λαβύρινθοσ
Legende	Θρύλοσ
Magisch	Μαγικό
Monster	Τέρασ
Rache	Εκδίκηση
Stärke	Δύναμη
Sterblich	Θνητόσ
Unsterblichkeit	Αθανασία
Verhalten	Συμπεριφορά

Natur
Φύση

Arktis	Αρκτική
Berge	Βουνά
Bienen	Μέλισσεσ
Dynamisch	Δυναμική
Erosion	Διάβρωση
Fluss	Ποταμόσ
Friedlich	Ειρηνική
Gletscher	Παγετώνασ
Heiligtum	Ιερό
Heiter	Γαλήνιο
Laub	Φύλλωμα
Lebenswichtig	Ζωτική
Nebel	Ομίχλη
Schönheit	Ομορφιά
Schutz	Καταφύγιο
Tiere	Ζώα
Tropisch	Τροπική
Wald	Δασοσ
Wild	Άγριο
Wüste	Ερήμου

Obst
Φρούτα

Ananas	Ανανά
Apfel	Μήλο
Aprikose	Βερίκοκο
Avocado	Αβοκάντο
Banane	Μπανάνα
Beere	Μούρο
Birne	Αχλάδι
Grapefruit	Γκρέιπφρουτ
Himbeere	Βατόμουρο
Kirsche	Κεράσι
Kiwi	Ακτινίδιο
Kokosnuss	Καρύδα
Melone	Πεπόνι
Nektarine	Νεκταρίνι
Orange	Πορτοκάλι
Papaya	Παπάγια
Pfirsich	Ροδάκινο
Pflaume	Δαμάσκηνο
Traube	Σταφύλι
Zitrone	Λεμόνι

Ozean
Ωκεανός

Aal	Χέλι
Auster	Στρείδι
Boot	Βάρκα
Delfin	Δελφίνι
Fisch	Ψάρι
Garnele	Γαρίδα
Gezeiten	Παλίρροια
Hai	Καρχαρίασ
Koralle	Κοράλλι
Krabbe	Καβούρι
Krake	Χταπόδι
Qualle	Μέδουσεσ
Riff	Ξέρα
Salz	Αλάτι
Schildkröte	Χελώνα
Schwamm	Σφουγγάρι
Sturm	Καταιγίδα
Thunfisch	Τόνοσ
Wal	Φάλαινα
Wellen	Κύματα

Ökologie
Οικολογία

Art	Είδοσ
Berge	Βουνά
Dürre	Ξηρασία
Fauna	Πανίδα
Flora	Χλωρίδα
Freiwillige	Εθελοντέσ
Gemeinschaft	Κοινότητα
Global	Παγκόσμια
Klima	Κλίμα
Marine	Θαλάσσιο
Nachhaltig	Βιώσιμη
Natur	Φύση
Natürlich	Φυσική
Pflanzen	Φυτά
Ressourcen	Πόρων
Überleben	Επιβίωση
Vegetation	Βλάστηση
Vielfalt	Ποικιλία

Pflanzen
Φυτά

Bambus	Μπαμπού
Baum	Δέντρο
Beere	Μούρο
Blatt	Φύλλο
Blume	Λουλούδι
Blütenblatt	Πέταλο
Bohne	Φασόλι
Botanik	Βοτανική
Dünger	Λίπασμα
Efeu	Κισσόσ
Flora	Χλωρίδα
Garten	Κήποσ
Gras	Γρασίδι
Kaktus	Κάκτοσ
Kraut	Βότανο
Laub	Φύλλωμα
Moos	Βρύα
Vegetation	Βλάστηση
Wald	Δασοσ
Wurzel	Ρίζα

Piraten
Πειρατές

Abenteuer	Περιπέτεια
Anker	Άγκυρα
Crew	Πλήρωμα
Flagge	Σημαία
Gefahr	Κινδύνου
Gold	Χρυσόσ
Höhle	Σπήλαιο
Insel	Νησί
Kapitän	Λοχαγόσ
Karte	Χάρτη
Kompass	Πυξίδα
Legende	Θρύλοσ
Münzen	Κέρματα
Narbe	Ουλή
Papagei	Παπαγάλοσ
Rum	Ρούμι
Schatz	Θησαυρόσ
Schlecht	Κακό
Schwert	Σπαθί
Strand	Παραλία

Regenwald
Τροπικό Δάσος

Amphibien	Αμφίβια
Art	Είδοσ
Botanisch	Βοτανική
Dschungel	Ζούγκλα
Gemeinschaft	Κοινότητα
Insekten	Έντομα
Klima	Κλίμα
Moos	Βρύα
Natur	Φύση
Respekt	Σέβομαι
Säugetiere	Θηλαστικά
Überleben	Επιβίωση
Vielfalt	Ποικιλία
Vögel	Πουλιά
Wertvoll	Πολύτιμα
Wolken	Σύννεφα
Zuflucht	Καταφύγιο

Restaurant #1
Εστιατόριο #1

Allergie	Αλλεργία
Brot	Ψωμί
Dessert	Επιδόρπιο
Essen	Τροφή
Fleisch	Κρέασ
Huhn	Κοτόπουλο
Kaffee	Καφέ
Kellnerin	Σερβιτόρα
Küche	Κουζίνα
Menü	Μενού
Messer	Μαχαίρι
Reservierung	Κράτηση
Schüssel	Μπολ
Serviette	Χαρτοπετσέτα
Sosse	Σάλτσα
Teller	Πλάκα
Würzig	Πικάντικο

Restaurant #2
Εστιατόριο #2

Abendessen	Δείπνο
Eis	Πάγοσ
Fisch	Ψάρι
Frucht	Φρούτο
Gabel	Πιρούνι
Gemüse	Λαχανικά
Getränk	Ποτό
Gewürze	Μπαχαρικό
Kellner	Σερβιτόροσ
Köstlich	Νόστιμο
Kuchen	Κέικ
Löffel	Κουτάλι
Mittagessen	Γεύμα
Nudeln	Λαζάνια
Salat	Σαλάτα
Salz	Αλάτι
Stuhl	Καρέκλα
Suppe	Σούπα
Vorspeise	Ορεκτικό
Wasser	Νερό

Säugetiere
Θηλαστικά

Affe	Μαϊμού
Bär	Αρκούδα
Biber	Κάστορας
Elefant	Ελέφαντας
Fuchs	Αλεπού
Giraffe	Καμηλοπάρδαλη
Gorilla	Γορίλασ
Hund	Σκύλοσ
Känguru	Καγκουρό
Kojote	Κογιότ
Löwe	Λιοντάρι
Panther	Πάνθηρασ
Pferd	Άλογο
Ratte	Αρουραίοσ
Schaf	Πρόβατο
Stier	Ταύροσ
Tiger	Τίγρη
Wal	Φάλαινα
Wolf	Λύκοσ
Zebra	Ζέβρα

Schach
Σκάκι

Champion	Πρωταθλητήσ
Diagonal	Διαγώνιοσ
Gegner	Αντίπαλοσ
König	Βασιλιάσ
Königin	Βασίλισσα
Opfer	Θυσία
Passiv	Παθητική
Punkte	Σημεία
Schwarz	Μαύρο
Spiel	Παιχνίδι
Spieler	Παίκτη
Strategie	Στρατηγική
Turnier	Τουρνουά
Weiss	Λευκό
Zeit	Ώρα

Schlösser
Κάστρα

Drache	Δράκοσ
Dynastie	Δυναστεία
Edel	Ευγενήσ
Festung	Φρούριο
Feudal	Φεουδαρχική
Graben	Τάφροσ
Katapult	Καταπέλτησ
Königreich	Βασίλειο
Krone	Στέμμα
Palast	Παλάτι
Pferd	Άλογο
Prinz	Πρίγκιπασ
Prinzessin	Πριγκίπισσα
Reich	Αυτοκρατορία
Ritter	Ιππότησ
Rüstung	Πανοπλία
Schild	Ασπίδα
Schwert	Σπαθί
Turm	Πύργοσ
Wand	Τοίχοσ

Schokolade
Σοκολάτα

Aroma	Άρωμα
Bitter	Πικρή
Erdnüsse	Φιστίκια
Exotisch	Εξωτικό
Favorit	Αγαπημένοσ
Geschmack	Γεύση
Handwerklich	Βιοτεχνική
Kakao	Κακάο
Kalorien	Θερμίδεσ
Karamell	Καραμέλα
Kokosnuss	Καρύδα
Köstlich	Νόστιμο
Pulver	Σκόνη
Qualität	Ποιότητα
Rezept	Συνταγή
Süss	Γλυκό
Zucker	Ζάχαρη
Zutat	Συστατικό

Schule #1
Σχολείο #1

Alphabet	Αλφάβητο
Antworten	Απάντηση
Bibliothek	Βιβλιοθήκη
Bleistift	Μολύβι
Bücher	Βιβλια
Freunde	Φίλοι
Klassenzimmer	Τάξη
Lehrer	Δάσκαλοσ
Mathematik	Μαθηματικά
Mittagessen	Γεύμα
Ordner	Φακελοι
Papier	Χαρτί
Prüfungen	Εξετάσεισ
Quiz	Κουίζ
Schreibtisch	Γραφείο
Spass	Διασκέδαση
Stifte	Στυλό
Stuhl	Καρέκλα
Zahlen	Αριθμοί

Schule #2
Σχολείο #2

Bibliothek	Βιβλιοθήκη
Bildung	Εκπαίδευση
Bleistift	Μολύβι
Bus	Λεωφορείο
Bücher	Βιβλια
Computer	Υπολογιστή
Grammatik	Γραμματική
Kalender	Ημερολόγιο
Lehrer	Δάσκαλοσ
Lernen	Μάθηση
Lesen	Ανάγνωση
Literatur	Λογοτεχνία
Papier	Χαρτί
Radiergummi	Γόμα
Rucksack	Σακίδιο
Schere	Ψαλίδι
Spiele	Παιχνίδια
Stifte	Στυλό
Wissenschaft	Επιστήμη
Wörterbuch	Λεξικό

Science Fiction
Επιστημονική Φαντασία

Bücher	Βιβλία
Chemikalien	Χημική
Dystopie	Δυστοπία
Explosion	Έκρηξη
Extrem	Άκρο
Fern	Μακρινό
Feuer	Φωτιά
Futuristisch	Φουτουριστικό
Galaxie	Γαλαξίασ
Geheimnisvoll	Μυστηριώδησ
Illusion	Ψευδαίσθηση
Imaginär	Φανταστικό
Orakel	Μαντείο
Planet	Πλανήτησ
Realistisch	Ρεαλιστική
Roboter	Ρομπότ
Szenario	Σενάριο
Technologie	Τεχνολογία
Utopie	Ουτοπία
Welt	Κόσμο

Sommer
Καλοκαίρι

Bücher	Βιβλία
Camping	Κάμπινγκ
Entspannung	Χαλάρωση
Essen	Τροφή
Familie	Οικογένεια
Freizeit	Αναψυχή
Freude	Χαρά
Freunde	Φίλοι
Garten	Κήποσ
Meer	Θάλασσα
Musik	Μουσική
Reise	Ταξίδι
Sandalen	Σανδάλια
Spiele	Παιχνίδια
Sterne	Αστέρια
Strand	Παραλία
Tauchen	Καταδύσεισ
Urlaub	Διακοπέσ

Spielzeuge
Παιχνίδια

Auto	Αυτοκίνητο
Ball	Μπάλα
Boot	Βάρκα
Buntstifte	Κραγιόνια
Bücher	Βιβλία
Drachen	Χαρταετόσ
Fahrrad	Ποδήλατο
Favorit	Αγαπημένοσ
Flugzeug	Αεροπλάνο
Kunsthandwerk	Βιοτεχνία
Lkw	Φορτηγό
Phantasie	Φαντασία
Puppe	Κούκλα
Puzzle	Παζλ
Roboter	Ρομπότ
Schach	Σκάκι
Schlagzeug	Τύμπανα
Spiele	Παιχνίδια
Zug	Τρένο

Sport
Αθλητισμός

Athlet	Αθλητήσ
Baseball	Μπέιζμπολ
Basketball	Μπάσκετ
Bewegung	Κίνηση
Eishockey	Χόκεϊ
Fahrrad	Ποδήλατο
Gewinner	Νικητήσ
Golf	Γκολφ
Gymnasium	Γυμνάσιο
Gymnastik	Γυμναστική
Mannschaft	Ομάδα
Meisterschaft	Πρωτάθλημα
Schiedsrichter	Διαιτητήσ
Spiel	Παιχνίδι
Spieler	Παίκτη
Stadion	Στάδιο
Tennis	Τένισ
Trainer	Προπονητήσ

Stadt
Πόλη

Apotheke	Φαρμακείο
Bank	Τράπεζα
Bäckerei	Αρτοποιείο
Bibliothek	Βιβλιοθήκη
Blumenhändler	Ανθοπωλείο
Buchhandlung	Βιβλιοπωλείο
Flughafen	Αεροδρόμιο
Galerie	Συλλογή
Hotel	Ξενοδοχείο
Klinik	Κλινική
Markt	Αγορά
Museum	Μουσείο
Restaurant	Εστιατόριο
Salon	Σαλόνι
Schule	Σχολείο
Stadion	Στάδιο
Supermarkt	Μάρκετ
Theater	Θέατρο
Universität	Πανεπιστήμιο
Zoo	Ζωολογικό

Strand
Παραλία

Blau	Μπλε
Boot	Βάρκα
Dock	Αποβάθρα
Handtuch	Πετσέτα
Insel	Νησί
Krabbe	Καβούρι
Küste	Ακτή
Lagune	Λιμνοθάλασσα
Meer	Θάλασσα
Ozean	Ωκεανόσ
Regenschirm	Ομπρέλα
Riff	Ξέρα
Sand	Άμμο
Sandalen	Σανδάλια
Segelboot	Ιστιοφόρο
Sonne	Ήλιοσ
Urlaub	Διακοπέσ

Surfen
Σέρφινγκ

Anfänger	Αρχάριοσ
Athlet	Αθλητήσ
Beliebt	Δημοφιλήσ
Champion	Πρωταθλητήσ
Extrem	Άκρο
Geschwindigkeit	Ταχύτητα
Magen	Στομάχι
Mengen	Πλήθη
Ozean	Ωκεανόσ
Paddel	Κουπί
Riff	Ξέρα
Schaum	Αφρός
Spass	Διασκέδαση
Stärke	Δύναμη
Stil	Στυλ
Strand	Παραλία
Welle	Κύμα
Wetter	Καιρόσ

Tage und Monate
Ημέρες και Μήνες

August	Αυγούστου
Dezember	Δεκεμβρίου
Dienstag	Τρίτη
Donnerstag	Πέμπτη
Februar	Φεβρουαρίου
Freitag	Παρασκευή
Jahr	Ετοσ
Januar	Ιανουαρίου
Juli	Ιουλίου
Juni	Ιουνίου
Kalender	Ημερολόγιο
Mittwoch	Τετάρτη
Monat	Μήνασ
Montag	Δευτέρα
November	Νοεμβρίου
Oktober	Οκτωβρίου
Samstag	Σάββατο
September	Σεπτεμβρίου
Sonntag	Κυριακή
Woche	Εβδομάδα

Tanzen
Χορός

Akademie	Ακαδημία
Anmut	Χάρη
Ausdrucksvoll	Εκφραστική
Bewegung	Κίνηση
Choreographie	Χορογραφία
Emotion	Συγκίνηση
Freudig	Χαρούμενο
Haltung	Στάση
Klassisch	Κλασική
Körper	Σώμα
Kultur	Πολιτισμός
Kulturell	Πολιτιστική
Kunst	Τέχνη
Musik	Μουσική
Partner	Παρτενέρ
Probe	Πρόβα
Rhythmus	Ρυθμού
Traditionell	Παραδοσιακή
Visuell	Οπτική

Technologie
Τεχνολογία

Bildschirm	Οθόνη
Blog	Ιστολόγιο
Browser	Περιήγησησ
Bytes	Ψηφιολέξεισ
Computer	Υπολογιστή
Cursor	Δρομεασ
Datei	Αρχείο
Daten	Δεδομένα
Digital	Ψηφιακή
Forschung	Έρευνα
Internet	Διαδίκτυο
Nachricht	Μήνυμα
Sicherheit	Ασφάλεια
Software	Λογισμικό
Statistik	Στατιστική
Virtuell	Εικονική
Virus	Ιόσ

Urlaub #1
Διακοπές #1

Abreise	Αναχώρηση
Auto	Αυτοκίνητο
Entspannung	Χαλάρωση
Expedition	Εκδρομή
Fahrkarte	Εισιτήριο
Flugzeug	Αεροπλάνο
Koffer	Βαλίτσα
Museum	Μουσείο
Regenschirm	Ομπρέλα
Route	Δρομολόγιο
Rucksack	Σακίδιο
See	Λίμνη
Strassenbahn	Τραμ
Tourist	Τουριστασ
Währung	Νόμισμα
Zoll	Τελωνείο

Urlaub #2
Διακοπές #2

Ausländisch	Ξένο
Berge	Βουνά
Camping	Κάμπινγκ
Flughafen	Αεροδρόμιο
Freizeit	Αναψυχή
Hotel	Ξενοδοχείο
Insel	Νησί
Karte	Χάρτη
Meer	Θάλασσα
Pass	Διαβατήριο
Reise	Ταξίδι
Restaurant	Εστιατόριο
Strand	Παραλία
Taxi	Ταξί
Transport	Μεταφορά
Visum	Βίζα
Zelt	Σκηνή
Ziel	Προορισμός
Zug	Τρένο

Vögel
Πουλιά

Adler	Αετόσ
Ei	Αυγό
Ente	Πάπια
Eule	Κουκουβάγια
Flamingo	Φλαμίνγκο
Gans	Χήνα
Huhn	Κοτόπουλο
Kuckuck	Κούκοσ
Möwe	Γλάροσ
Papagei	Παπαγάλοσ
Pelikan	Πελεκαν
Pfau	Παγώνι
Pinguin	Πιγκουίνοσ
Rabe	Κοράκι
Reiher	Ερωδιοσ
Schwan	Κύκνοσ
Spatz	Σπουργίτι
Storch	Πελαργόσ
Taube	Περιστέρι
Toucan	Τουκάν

Wandern
Πεζοπορία

Berg	Βουνό
Camping	Κάμπινγκ
Führer	Οδηγοί
Gipfel	Κορυφή
Karte	Χάρτη
Klima	Κλίμα
Klippe	Βράχο
Müde	Κουρασμένοσ
Natur	Φύση
Parks	Πάρκα
Schwer	Βαριά
Sonne	Ήλιος
Steine	Πέτρα
Stiefel	Μπότεσ
Tiere	Ζώα
Vorbereitung	Παρασκευή
Wasser	Νερό
Wetter	Καιρόσ
Wild	Άγριο

Wasser
Νερό

Bewässerung	Άρδευση
Dampf	Ατμού
Dusche	Ντουσ
Eis	Πάγοσ
Feucht	Υγρό
Feuchtigkeit	Υγρασία
Fluss	Ποταμόσ
Flut	Πλημμύρα
Frost	Παγωνιά
Hurrikan	Χιουρικανασ
Kanal	Κανάλι
Monsun	Μουσώνασ
Ozean	Ωκεανόσ
Regen	Βροχή
Schnee	Χιόνι
See	Λίμνη
Trinkbar	Πόσιμο
Verdunstung	Εξάτμιση
Wellen	Κύματα

Wetter
Καιρός

Atmosphäre	Ατμόσφαιρα
Blitz	Αστραπή
Brise	Αεράκι
Donner	Βροντή
Dürre	Ξηρασία
Eis	Πάγοσ
Himmel	Ουρανόσ
Hurrikan	Χιουρικανασ
Klima	Κλίμα
Monsun	Μουσώνασ
Nebel	Ομίχλη
Polar	Πολική
Regenbogen	Ουράνιο Τόξο
Ruhig	Ηρεμία
Sturm	Καταιγίδα
Temperatur	Θερμοκρασία
Trocken	Ξηρό
Tropisch	Τροπική
Wind	Άνεμοσ
Wolke	Σύννεφο

Wissenschaft
Επιστήμη

Atom	Άτομο
Chemisch	Χημική
Daten	Δεδομένα
Evolution	Εξέλιξη
Experiment	Πείραμα
Fossil	Απολίθωμα
Hypothese	Υπόθεση
Klima	Κλίμα
Labor	Εργαστήριο
Methode	Μέθοδοσ
Mineralien	Ορυκτά
Moleküle	Μόρια
Natur	Φύση
Organismus	Οργανισμόσ
Partikel	Σωματίδια
Pflanzen	Φυτά
Physik	Φυσική
Schwerkraft	Βαρύτητα
Tatsache	Γεγονόσ
Wissenschaftler	Επιστήμονασ

Wissenschaftliche Disziplinen
Επιστημονικοί Κλάδοι

Anatomie	Ανατομία
Archäologie	Αρχαιολογία
Astronomie	Αστρονομία
Biochemie	Βιοχημεία
Biologie	Βιολογία
Botanik	Βοτανική
Chemie	Χημεία
Geologie	Γεωλογία
Immunologie	Ανοσολογία
Kinesiologie	Κινησιολογία
Linguistik	Γλωσσολογία
Mechanik	Μηχανική
Mineralogie	Ορυκτολογία
Neurologie	Νευρολογία
Ökologie	Οικολογία
Physiologie	Φυσιολογία
Psychologie	Ψυχολογία
Soziologie	Κοινωνιολογία
Thermodynamik	Θερμοδυναμική
Zoologie	Ζωολογία

Zahlen
Αριθμοί

Acht	Οκτώ
Achtzehn	Δεκαοκτώ
Dezimal	Δεκαδικό
Drei	Τρία
Dreizehn	Δεκατρία
Fünf	Πέντε
Fünfzehn	Δεκαπέντε
Neun	Εννέα
Neunzehn	Δεκαεννέα
Null	Μηδέν
Sechs	Έξι
Sechzehn	Δεκαέξι
Sieben	Επτά
Siebzehn	Δεκαεπτά
Vier	Τέσσερα
Vierzehn	Δεκατέσσερα
Zehn	Δέκα
Zwanzig	Είκοσι
Zwei	Δύο
Zwölf	Δώδεκα

Zeit
Χρόνος

Gestern	Χθεσ
Heute	Σήμερα
Jahr	Ετοσ
Jahrhundert	Αιώνασ
Jahrzehnt	Δεκαετία
Jährlich	Ετήσια
Jetzt	Τώρα
Kalender	Ημερολόγιο
Minute	Λεπτό
Mittag	Μεσημέρι
Monat	Μήνασ
Morgen	Πρωί
Nach	Μετά
Nacht	Νύχτα
Stunde	Ώρα
Tag	Μέρα
Uhr	Ρολόι
Vor	Πριν
Woche	Εβδομάδα
Zukunft	Μέλλον

Zirkus
Τσίρκο

Affe	Μαϊμού
Akrobat	Ακροβάτησ
Ballons	Μπαλόνια
Clown	Κλόουν
Elefant	Ελέφαντασ
Fahrkarte	Εισιτήριο
Jongleur	Ζογκλέρ
Kostüm	Κοστούμι
Löwe	Λιοντάρι
Magie	Μαγεία
Musik	Μουσική
Parade	Παρέλαση
Tiere	Ζώα
Tiger	Τίγρη
Trick	Κόλπο
Unterhalten	Διασκεδάσει
Zauberer	Μάγοσ
Zelt	Σκηνή
Zuschauer	Θεατήσ

Zu Füllen
Για Γέμισμα

Becken	Λεκάνη
Box	Κουτί
Fass	Βαρέλι
Flasche	Μπουκάλι
Karton	Χαρτοκιβώτιο
Kiste	Κιβώτιο
Koffer	Βαλίτσα
Korb	Καλάθι
Mappe	Φάκελο
Paket	Πακέτο
Rohr	Σωλήνασ
Schublade	Συρτάρι
Tablett	Δίσκοσ
Tasche	Τσέπη
Umschlag	Φάκελοσ
Vase	Βάζο

Gratuliere

Sie haben es geschafft !!

Wir hoffen, dass euch dieses Buch genauso viel Spaß gemacht hat wie uns dessen Herstellung. Wir tun unser Bestes, um qualitativ hochwertige Spiele zu erfinden. Diese Rätsel sind auf eine clevere Art und Weise entworfen, damit sie aktiv lernen und daran Vergnügen finden.

Hat ihnen das Buch gefallen ?

Eine einfache Bitte

Unsere Bücher existieren dank der Rezensionen, die sie veröffentlichen. Können sie uns helfen indem sie jetzt eine Meinung hinterlassen ?

Hier ist ein kurzer Link, der Sie zu ihrer Bewertungsseite führt

BestBooksActivity.com/Rezension50

MONSTER HERAUSFÖRDERUNGEN !

Herausförderung 1

Bereit für ihr Bonusspiel? Wir verwenden sie ständig, aber sie sind nicht einfach zu finden. Es sind die **Synonyme** !

Notieren sie 5 Wörter, die sie in den untenstehenden Rätseln (Nummer 21, 36 und 76) entdeckt haben und versuchen sie für jedes Wort 2 Synonyme zu finden .

Notieren sie 5 Wörter aus *Rätsel 21*

Wörter	Synonym 1	Synonym 2

Notieren sie 5 Wörter aus *Rätsel 36*

Wörter	Synonym 1	Synonym 2

Notieren sie 5 Wörter aus *Rätsel 76*

Wörter	Synonym 1	Synonym 2

Herausförderung 2

Jetzt, wo sie warm sind, notieren sie 5 Wörter, die sie in jedem der untenaufgeführten Rätseln entdeckt haben (Nummer 9, 17 und 25) und versuchen sie für jedes Wort 2 Antonyme zu finden. Wie viele davon können sie binnen 20 Minuten finden ?

Notieren sie 5 Wörter aus **Rätsel 9**

Wörter	Antonym 1	Antonym 2

Notieren sie 5 Wörter aus **Rätsel 17**

Wörter	Antonym 1	Antonym 2

Notieren sie 5 Wörter aus **Rätsel 25**

Wörter	Antonym 1	Antonym 2

Herausförderung 3

Wunderbar, diese Monster Herausförderung 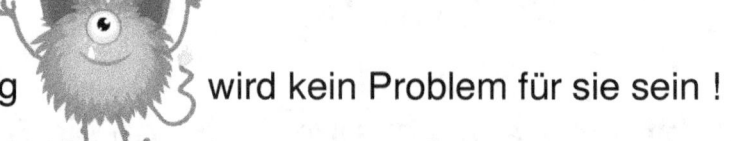 wird kein Problem für sie sein !

Bereit für die letzte Herausförderung? Wählen sie ihre 10 Lieblingswörter aus, die sie in einem Rätsel entdeckt haben und notieren sie sie unten.

1.	6.
2.	7.
3.	8.
4.	9.
5.	10.

Die Aufgabe besteht nun darin mit diesen Wörtern und in maximal sechs Sätzen einen Text herzustellen über eine Person, ein Tier oder ein Ort den sie lieben !

Tipp : sie können die letzten leeren Seiten dieses Buches als Entwurf verwenden

Ihr Schreiben :

_____

_____

_____

_____

_____

_____

_____

_____

NOTIZBUCH :

AUF BALDIGES WIEDERSEHEN !

Linguas Classics

KOSTENLOSE SPIELE GENIESSEN

GO

↓

BESTACTIVITYBOOKS.COM/FREEGAMES